本当に儲けたいなら、お金が欲しいなら

頭のいい奴のマネをしろ

［新装版］

Den Fujitaの商法①

日本マクドナルド創業者

藤田 田（デンと発音して下さい）

KKベストセラーズ

本当に儲けたいなら、お金が欲しいなら

頭のいい奴のマネをしろ

［新装版］Den Fujitaの商法①

日本マクドナルド創業者

藤田 田（デンと発音して下さい）

KKベストセラーズ

装幀　トサカデザイン
カバー・挿画　小迎裕美子

本当に儲けたいなら、お金が欲しいなら

頭のいい奴のマネをしろ

［新装版］Den Fujitaの商法①

目次

第1章 現金をつかむ俺のやり方

第2章 知識より知恵だ

第3章 ジェット思考の時代が来た

第4章 資本主義の世の中で勝つ頭の回転

第5章 金を生む標的を狙え

第7章 デン・フジタの突撃ラッパ

「藤田 田6冊同時復刊プロジェクト」は、著者の主要評論を収録するものです。本作品中に、現在の観点から見れば、差別とされる言葉・用語など考慮すべき表現も含まれておりますが、著者の作品が経営・ビジネス書の古典として多くの読者から評価されていること、執筆当時の時代を反映した著者の独自の世界であること、また著者は、2004（平成16）年に他界し、作品を改訂することができないことの観点から、おおむね底本のままとしました。

（ベストセラーズ書籍編集部）

＊本書は一九七四（昭和四九）年弊社初版刊行、八四（昭和五九）年に文庫化された『頭の悪い奴は損をする』を底本とし、語句・表記・時制の大幅な加筆修正を行い、新たに装幀を変え、挿画を入れ、新装再編版としたものです。

第1章

現金をつかむ俺のやり方

銀座で出した売上げ世界新記録

私の商売の話から始めることにしよう。

もしも、読者の中で、お金儲けが嫌いだったり、ハンバーガーは見るのもいやだ、という方がいたら、この章はとばしていただいて結構だ。

私は昭和46（1971）年7月20日に銀座三越の1階にマクドナルドのハンバーガー1号店をオープンした。

銀座三越の1号店は、開店1周年を迎えて間もなくの昭和47（1972）年10月1日と10月8日に、1日の売上げ222万円をマークして、1店舗の1日の売上げ世界記録を更新した。

従来の記録は、ハンバーガーの本家のアメリカのミネソタ州にあるハンバーガー・レストランが出した209万円だった。

しかも、このアメリカの209万円の記録は、17年の歴史と、年間1400億円にものぼる宣伝費をテレビにつぎ込んだ結果、樹立したものである。ところが、私はパン食の習慣のない日本で、テレビの宣伝費は使わず、しかも開店後1年数ヵ月という短い期間でこの世界記録を破ったのだ。さらにつけ加えるならば、ミネソタ州のハンバーガー・レストランは、12時間の営業で２０９万円の記録を出したのだが、私の２２２万円はそれより2時間少ない10時間の営業時間で出した世界記録である。

そして８ヵ月後に、この大記録を私は自らの手で更新した。

昭和48（１９７３）年6月10日、同じ銀座三越の1号店が、じつに売上げ２９３万円の空前の大記録を樹立したのだ。これより先、テレビのコマーシャルを開始したのも大記録を出したひとつのファクターかもしれないが、それにしても大変な記録である事実には違いない。本家のアメリカのマクドナルドも、この大記録にはビックリ仰天した。ソレッ、とばかりに本家からトップ・クラスが視察のために相ついで来日した。

私の成功にはさまざまのファクターがある。儲かる商品は『女』と『口』しかないが、そのひとつである『口』を狙ったのも成功した大きな理由である。

世界記録の誕生にはこのほかにも、重要なファクターがいくつかある。それを公開することは、デン・フジタの商法の真髄をさらけ出すことになり、極秘とされているマクドナルド商法を公開することになるが、私は豊かな日本の出現を願って、あえて本書でこれを公開することにする。

10メートルは10キロと同じだ＝「儲かる場所」の決め手

〝ロケーション〟という言葉がある。映画の野外撮影でしばしば使用されるために〝ロケーション〟という言葉は「野外撮影」という映画専門の用語だと思っている人が多いが、本来の意味は「場所選定」である。

マクドナルド商法では、この〝ロケーション〟――「場所選定」をきわめて重視する。

日本の商人が、念願の銀座へ進出する場合、10人のうち9人までが、

「銀座へ出られるならば、どこでもいい」

といった考え方をする。じつにおおらかである。ところが、これがとんだ間違いなのだ。

銀座でも「商売になる場所」、つまり「儲かる場所」と、そうでない場所がある。そして、儲かる場所と儲からない場所は、ものの10メートルと離れていないのである。

たとえば、私は銀座三越の国道1号線、いわゆる銀座通りに面した場所にハンバーガーの店舗を出したが、この店を銀座三越の裏側に出していたら、こうはいかなかっただろう。

銀座三越の裏手ならば、駐車場はできても、ハンバーガーを売るわけにはいかない。

左の図（銀座通りの人の流れ）を見ていただきたい。

Ⓜが銀座三越にあるハンバーガーの店舗である。この店は、銀座1丁目から8丁目へかけての銀座通りの中心である銀座４丁目の交差点から3丁目寄りの８丁目に向かって左側にある。

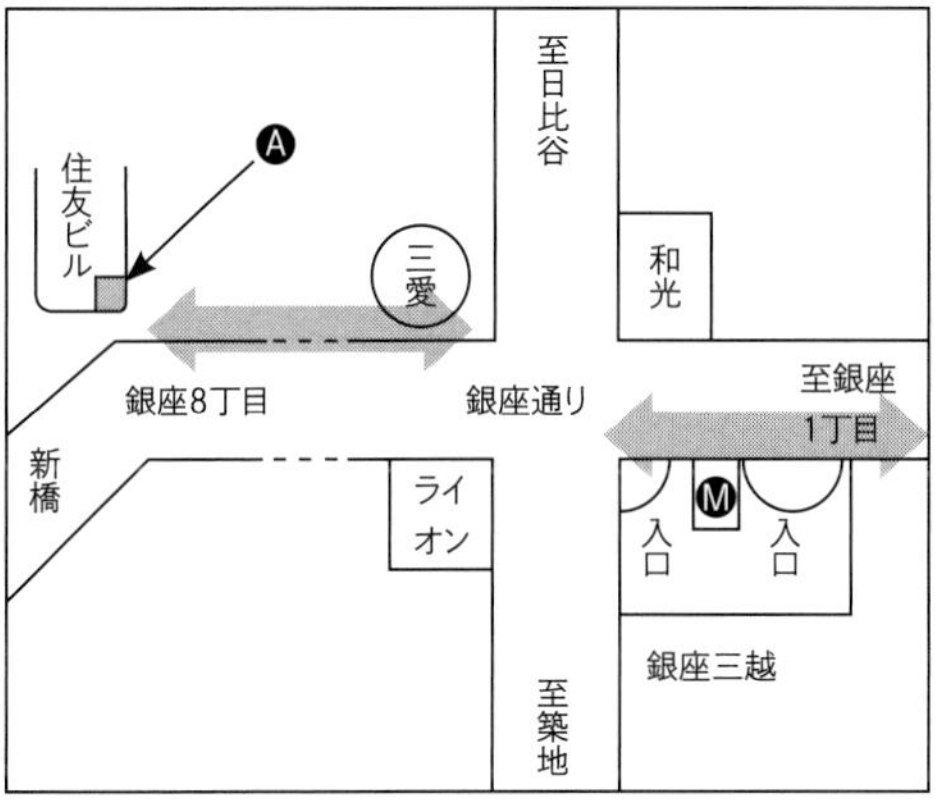

図：銀座通りの人の流れ

Ⓐは銀座８丁目の隣の新橋にあって、銀座通りにつき出すように立っている新橋住友ビル６階にある、私の社長室である。私はいつも社長室に望遠鏡を用意しておいて、銀座の人の流れを見るともなく眺めていたが、長年眺めているうちに、人の流れにも法則のようなものが存在するのに気がついた。

銀座通りの人の流れは、1丁目から4丁目までは新橋へ向かって左側の往来が激しく、5丁目から8丁目にかけては、反対に右側のほうが人の流れが多いことに気がついたのだ。

銀座でハンバーガーの店を出すなら銀座三越しかない。私は早くから心の中でそう決めていた。銀座でもっとも人出の多い場所に出店すれば必ず儲かるとにらんだからだ。

事実、同じ銀座でも4丁目の反対側にあるDという同業者の店は、人通りの少ないだけ客足も少ない。もっとも、マクドナルドとDの差は、単に人の流れの多い少ないだけでなく、品質、味など、いろいろあるが、そういったものを抜きにしても、場所をどこにするかということは商売をする上で基本ともなる大切な問題なのだ。

たとえば、私がこのマクドナルド銀座店を、三越から築地寄りに10メートルばかりいったところへ開店していたら、1日に150万円とか200万円とかいう売上げを記録できたかどうかわからない。この10メートルは、じつに重要な意味を持ってくる。

日本人は標準の物さしをひとつしか持っていない。10メートルの距離は日本人の物さしで計る限りあくまでも10メートルでしかないが、商売の上では場所によっては10メートル違うことは10キロ違うのと同じことになってしまう。

私の場合でいうならば、もしも私が1号店を銀座三越の現在の場所ではなく、銀座4丁目から、10メートル築地寄りに開いていたら、それは銀座4丁目から10キロはなれた場所に店を開いた場合と売上げに大差なかっただろう。

デン・フジタの商法では、10メートルは決して10メートルではない。10メートルは10キロ

メートルなのだ。

業種で場所を選べ

私が銀座4丁目で成功したからといって、猫もしゃくしも都心に店を構えればよいかというと、そうはいかない。

私の友人の逢坂久氏は、元日活会長の逢坂弥氏の令息で、現在は逢坂興業の社長として、大阪の千日前の表通りからちょっと入ったところでポルノ映画館を経営している。入場料は100円で、自動販売機で入場券を買ってから入るしくみになっている。

ところが、これがえらく儲かるというのだ。

フィルムの借り賃が2万円で、客が300人入って1日に5回転するとすれば15万円、1週間で105万円が入ってくる。

その逢坂氏があるとき私にこう言った。

「こんなへんな場所でこれぐらい入るのだから、あっちのにぎやかなところへ行ったらもっと入るんだがなあ」

場所が悪いと言ってしきりに残念がるのだ。

「それは違う。ここだから客が入るんや」

私は即座にそう言った。

「ポルノっていうのは質屋だ。たとえば、銀座4丁目の角に質屋があったら、はやると思うかね。客は一人も入らないね。質屋は人目にたたんところにあるから営業が成り立つんだ。ポルノだって同じだよ。こんなへんな場所にあるから客が入るんだ」

商売の種類によって、店をどこへ出すか、条件がかわってくる。表通りにするか裏通りにするか、いずれにしても場所選定《ロケーション》が重要であることにかわりはない。

ホームレスでも人通りの少ない裏通りで商売したら干上がってしまうくらいのことは知っている。乞食は乞食なりに、ちゃんとロケーションを重要視しているのだ。

まして、金儲けをしよう、と思うなら、場所の選定をあやまってはならない。

軒先を借りよ＝他人の軒先を借りて年商60億円

ハンバーガーが成功したもうひとつの要因は、私が考え出した販売方法にある。

ハンバーガーが本家のアメリカでは、椅子とテーブルのあるスタイルで売られており、客はテーブルやカウンターで、普通の料理を食べるように椅子に腰をおろして食べる。私は、

それを日本では、他人の軒先を借りて立食いさせる、現在のスタイルに変えたのである。

デン・フジタの商法では「10メートルは10キロメートル」であるから、銀座へハンバーガーの店を出すにしても、限られた数ヵ所しか適地はない。ところが、そんな場所は、地価がべらぼうに高いうえに持ち主が手放さないから、買収して店舗を構えることは、しょせん不可能である。

しかも、従来は、レストランという商売は、1日に客が何回転するかで商売が成り立つ職種であるといわれていた。ただでさえ狭く、地代が高い銀座で、テーブルと椅子をすえて1日何回転などといっていては、メニューの値段を目の玉が飛び出るぐらい高くしなければ、儲かるどころか大損をしかねない。もちろん、100パーセント・ビーフが45グラムも入っているハンバーガーを1個120円という良心的値段で売っていては、たちまち破産してしまう。

はじめ、**私は日本の中心である銀座で、ハイライト1個分の値段でハンバーガーを売りたかった。**ハイライト1個分の80円なら、大衆は「安い」と感じてくれるのではないかと考えていたからだ。

アメリカではハンバーガーの値段は1個20セントである。私が銀座店をオープンした当時の「円」と「ドル」のレートは1ドル＝360円だった。20セントは72円に相当する。

アメリカでは72円だが、日本では牛肉とか牛乳などの材料が若干高くつくから、1割は高くなるのはやむを得ない。その場合でも、私は最高を80円でおさえたいと考えていた。

そのためには、店舗の地代に高い金をかけるわけにはいかない。

「銀座の一等地に何とか地代のかからない店を開くことはできないだろうか」

虫がいいかもしれないが、私は本気でそう思った。

そして私は、軒先をちょっと借りることを思いついたのである。軒先を借りて立食いさせるのならば、銀座の繁華街の好きな場所を選ぶことができる。

しかし、私が、ここなら、と目をつけた場所のうちの何ヵ所かが、軒先を貸すことすら断わってきた。

ただひとつ、私が初めから目をつけていた特等地、銀座三越は岡田茂・元社長の英断で、軒先を貸そうと私の申し出を快諾してくれたのだ。

しかし、日本の場合〝立食い〟というと、駅のソバ屋のように、どことなく、うらぶれムードがある。だからといって1個80円という安いハンバーガーをうらぶれムードで売ってはイメージ・ダウンである。インテリや女性客をつかむことはできない。そこで、私は銀座三越にハンバーガー店をオープンするに当たり、明るくモダンで清潔な立食いのイメージでいくことにし、うらぶれムードは一掃した。

作戦は図に当たり、明るくモダンで清潔なマクドナルドの立食いに、若い女性客が殺到した。つられて男の客がくる。外国人がくる。ヤングがくる。ハンバーガーは爆発的売行きを示した。

こうなると、英断をくだした三越とは逆に、妙にノレンにこだわって、マクドナルドのハンバーガーに軒先を貸すことをためらったり拒んでいたところまでが、モミ手で私のところへやってくるようになった。

「大したものですなあ。藤田さん、ぜひ、当方の軒先も借りていただけませんか」

と言うのである。

人の流れを変える

私は銀座の次に新宿へ進出した。新宿の表玄関である東口を出ると正面に食料品の老舗《しにせ》の二幸《にこう》がある。この二幸の客は老人やちょっと気取った階層の奥様などで、スーパーで買えるような品物をわざわざ高い金を払って二幸の包装紙に包んでもらいたいためにやってくる客が大半だった。二幸はそんなお人好しの商売をやっていたのである。

ところが、ここへマクドナルドのハンバーガー店がオープンすると、客の顔ぶれが一変した。つまり、これまでのちょっと気取った客が眉をひそめるような客が怒濤《どとう》のように押し寄せたのである。彼らはハンバーガーを食べながら、店の中を闊歩《かっぽ》するようになった。ハイティーンもいれば、長髪族もいる。二幸は明治100年の眠りを覚まされたようににぎやかになった。

そして、ついに、高級食料品店二幸は、店内を大改装し、2階をヤング向けのファッションフロアにするほどの大変貌をとげた。ハンバーガーが老舗を変えたのである。もちろん、二幸は華麗なる変身をとげることで、儲かる道へつき進んでいったことはいうまでもない。

インフレに強い産業

蛇足ながらつけ加えると、1984（昭和59）年当時、ハンバーガーは1個120円である。71年の開業当時より40円値上げをしたが、これは決して昨今の物価高ムードに便乗して値上げをしたのではない（2019年現在、ハンバーガーは100円）。

私がマクドナルドを始めたとき、肉の原価は1個分45グラムで22円だったが、世界的な牛肉不足の問題がからんで、一挙に42円に値上がりしてしまったのだ。これに加えて、小麦粉をはじめとする諸原料、材料が値上がりし、人件費までも上がってしまった。私はやむを得ず、原料の値上がり分だけ、値上げをした。原料の値上がりをいいことに大幅な値上げをして差額を儲けるような汚いマネはしていない。

そんなことをしなくても、お客さんがしっかり食べてくだされば、ひとりでに儲かるからだ。

文化が向上してくると牛肉の需要がふえる。人間が一番うまいと感じる肉は牛肉だからである。

第二次世界大戦から30年近い年月が経過したが、この間、世界的な大戦争もなく、世界的な好況が続いて、人々の生活は向上し、したがって、牛肉の需要が全般的にふえてきている。

従来は牛肉の輸出国であったアルゼンチンも国内需要が高まったため輸出をしなくなったし、牛肉の主産地であるオーストラリアでも、需要の増加から価格の上昇を招来し、値段もひところの2倍程度に上がっている。

ハンバーガーのようなファスト・フードはインフレーションに強い産業である、と言われている。資材の値上がりをはじめ、さまざまな問題に直面していることにかわりはないが、それでもなお、そうした諸問題を吸収し、克服して行くことができるからだ。驚異的な企業であることに違いはない。

儲けの敵は固定観念だ

銀座三越の1号店が売上げ世界記録を作ったとき、アメリカの〝本家〟が肝をつぶしたのも無理はない。

従来、アメリカのマクドナルドは郊外のファミリー・レストランとして成功してきた。郊外に出した店が不思議に当たるのだ。こうなると彼らの頭の中には、

「ファミリー・レストランは郊外以外はダメだ」

という固定観念ができあがる。

その結果、繁華街やダウンタウンは絶対にさわるな、という考えにとりつかれ、冒険をしようとしなくなる。

人間はどこの国の人間でも、ある方法で成功すると、それしか手がない、と思いこんでしまうものだ。成功すると、そこだけにスポット・ライトを当て、全体を眺めようとしない。

ところが私は、ハンバーガーを手がけるのは初めてだから、そうした固定観念にとらわれなかった。

「郊外なんかダメだ。やるなら日本一、人通りの多い、日本の心臓部がいい」

そう思って、銀座へ1号店を出すことを決めた。ところが、郊外以外はダメだと思っているから、アメリカの〝本家〟は、最初は私の案に猛反対した。

だから、私が強引に銀座三越の軒先に店を出し、郊外以外はダメだという従来の固定観念の壁をつき破ると、上を下への大騒動が始まったのだ。

相ついで来日した〝本家〟の指導者たちは、ワンダフルの連発で、自分たちが反対したことなど、おくびにも出さない。そうして、本家で打出した方針が、

「郊外もいいが、これからはダウンタウンを攻めろ」

という、従来と180度の方向転換である。

私の成功で、大あわてでダウンタウンに進撃を開始したのだ。

成功の積み重ねから得た方程式は貴重だが、それにとらわれて固定観念を作り上げてしまうことはあまり感心したことではない。

昨年、マクドナルドは売上げが10億ドルを越え、ケンタッキー・フライド・チキンを抜いて、世界第1位のレストラン・チェーンになった。これは世界の2500店の売上げの

合計であって、アメリカ陸軍よりフード・サービス量が大きいが、私の軒先商法の成功による刺激のもたらした貢献度も決して低くはないと自負している。

数字をあげるなら、銀座三越の1号店には3000万円を投下した。最初の1ヵ月の売上げが4000万円。極論すればわずか1ヵ月で元をとってしまったといってもいい。

この銀座三越の1号店にやってくる〝本家〟のエライ人たちが、昨今はこの店のことを、「ワールド・ウェルノウン・ストア」

という。世界に鳴り響いている店だというのだ。つまり、今では世界の名所になってしまったのである。

勝負は勝たねばダメだし、商売は人が腰を抜かすほど儲けてみせなければダメだ。

人の儲けをねたむな

マクドナルドのハンバーガーが大成功をおさめるにつれて、当然、私に対する風当たりは強くなった。

いつの時代にも、他人の成功にねたみを抱く人間はいるものだ。ねたみを抱く人は、人一倍金儲けに関心がある。ところが、面白いことに、他人の成功をねたむ人ほど金儲けがへたなのだ。ここ掘れワンワンの意地悪爺さんがいい例だ。

「日本人の美徳は、静かに座って茶を飲みメシを食うところにある。ところが、藤田さんは立ったままメシを食わせている。藤田さんのやっていることは、日本の美徳の冒瀆《ぼうとく》じゃないか」

そういう声も耳に入ってくるようになった。私は、そんな愚にもつかない中傷には耳を貸さないことにしている。**中傷に耳を貸すだけ時間が無駄だからである。中傷では文化の流れは変えられない。**いい例が明治維新直後の短髪である。

ほんの100年前まで、日本では、みんな頭にチョンマゲをつけて歩いていた。現在は、チョンマゲどころか、長髪時代とはいえ、当時にくらべれば短髪である。しかし、100年前に短髪で歩いた人は、チョンマゲ族からウシロ指をさされ、あんな頭なんかして、と軽蔑され、中傷されたという。

私は、それと同じことだと思う。**立食いは今でこそお行儀が悪い、と軽蔑する人もいるが、そのうちに、ごく普通の食事のスタイルになるに違いない。**

原始時代には、人間は立ったまま、ブドウなどの果実をもぎとって手づかみで食べていた。それが人間にとって、より自然な食べ方だったからである。

食事のスタイルに関しては、また、原始時代にかえるだろう。そして、それが〝新しい文化〟だといわれる日がきっとくる、と私は信じている。

秘密にするとデマが飛ぶ

ご存知の方も多いとは思うが、マクドナルドに加えられたもっとも悪質で、かつ、執拗なデマはマクドナルドのハンバーガーの肉は牛肉以外のある小動物の肉だというものである。

冗談じゃない。よそのハンバーガーはどうなってるのか知らないが、マクドナルドのハンバーガーは100パーセント牛肉を使っている。牛肉以外の肉は1グラムといえども混ぜてないことを誇りとしている。

考えてみればわかるが、マクドナルドは1日に何万個というハンバーガーを売っている。デマのごとく牛肉以外の小動物の肉を使っていたら、日本中のその小動物がいなくなって、外国から輸入しなくちゃならない。養鶏場みたいにハンバーガー用の小動物の養殖場を作ったって、供給が間に合わない。1個や2個だけ作るのなら別だが、そんなことをしていたら儲かるどころではなくなる。

ところが、ちょっと考えたら底が割れるデマが、まことしやかに囁《ささや》かれ、それを信じる人がいるのだから、日本という国は嘆かわしいほど民度が低い。非文明国と言われても仕方があるまい。民度が高ければ、こんなバカバカしいデマは、飛ばしたほうが笑われるし、第一、デマを流すヤツすら現われない。これは、日本人の民度の低さにつけこんだ謀略である。

事実、先だって、マクドナルドの荻窪店が東京の杉並区に開店したときには、朝早くから車3台に分乗した風体の怪しげな奴らがやってきて、店の周辺の住民に、マクドナルドの肉は牛肉以外の小動物の肉だ、とふれまわったという事実がある。

ビーフ100パーセントと宣伝すればするほどこうしたデマが飛ばされるのだが、考えてみると、マクドナルドはハンバーガー商法のすべてのノウハウをいっさい秘密にしてきている。**マクドナルドには2万5000にものぼるノウハウがあるが、企業の秘密を保持するために公開されていない。**もちろん、肉の製法も当然秘密である。

マクドナルドに限らず、先進国では企業の秘密は当然のことであって、たとえば、コカ・コーラにしても、原液の製法は極秘とされ、いまだにつきとめた者はいない。

ところが、自らは創り出さないで、人マネが得意な日本人は、秘密にされると大いに困る。マネようがないからだ。そこで秘密にされると、すぐに怪しいとか何とかいって早々と企業の秘密を公開させようとする。せっかく企業が大金を投じて開発したものを公開しろ、と迫る方がムシがいいし、企業秘密を公開しなければ怪しいと言うに至っては卑劣というほかはない。

しかし、私は一大決心をして、あえてマクドナルドの秘密の公開に踏みきった。従来は、外部の者にはキッチンの写真をとらせることはおろか、見学すら許さなかった。それらを私は小学生のストア・ツアー（見学者）から公開することにしたのだ。卑劣なデマを打ち消すには、敵の手に乗るようだが、これが一番いいと思ったからだ。この段階で、なお、秘密主義をとっていると、何を言われるかわからないし、かえってマイナスを招きかねない。

これらの秘密を公開することは、ジャンボ・ジェット機の構造を公開するようなものである。手の内を全部さらすことになるのだから、大変な冒険である。

しかし、私には秘密を公開しても勝てる、という自信がある。その自信があるからこそ、あえて儲かる秘密をさらそうというのだ。

ものマネを歓迎せよ

マクドナルドのハンバーガーは2万5000ものマニュアルを組立てたノウハウを持つ、精巧な精密機械のような製品である。ジャンボ・ジェットが数万個の部品で組立てられた文明の利器であれば、マクドナルドのハンバーガーは文化そのものである。

そのハンバーガーに小動物の肉が入っているなどというデマを飛ばす奴の精神構造は、初めて空を飛ぶ飛行機を見た未開人が「あれは悪魔が飛んでいるのだ」と叫ぶのとまったく同じであり、このデマを信じる人は、飛行機を悪魔と信じて大地にひれ伏す野蛮人と同じ程度といわなければならない。そうした人たちは、お金なんか見たこともない未開の世界の住人だから、お金を儲けて豊かな生活をすることとは一生縁のない人たちだろう。

ところで、そうした一部の未開人を納得させるために、私は企業秘密に固執することを放棄したわけだが、これで、ただでさえ多いハンバーガーの類似品がふえてくることが予想される。

私は、類似品、大歓迎だ。というのも、女性にたとえるなら、美人を「本当に美人だなあ」と確認するには、比較してみる美人ではない女性が必要である。それと同じように、食ってみて「マズいなあ」という類似品があって、初めてマクドナルドのハンバーガーのうまさが光り輝くからだ。

動物的感覚をとぎすませ=事業は理論では成功しない

ジャンボ・ジェットの時代が到来すると、次に問題になるのは、この巨大な航空機を自由自在に操縦できるパイロットである。

マクドナルドの場合も同様で、類似のレストランができてくると、これをはね返すパイロットがどれだけいるかというのが問題になってくる。しかし、私はパイロットの確保にも自信がある。秘密を公開してしまえば、残された頼るものとしてはパイロットの操縦しかない。私は今日に備えて、そのパイロットの養成をおこたらなかった。

つまり、ハンバーガーを売り出す計画を立てたとき、社員を対象に、これと並行してハンバーガー大学を作ったのである。ここでマクドナルドにふさわしい人間教育をして、彼らを次々と最前線へ送り出したのだ。

ハンバーガー大学は、もちろん、アメリカにもある。そして、「マクドナルド人間」の養成に関するマニュアルもいろいろあるのだ。

私はハンバーガー大学の開校にあたり、まず優秀な学長の任命を行なった。加藤義明君という早稲田を出たファイターで、彼はある公害企業につとめていたが、公害企業につとめるのがいやでならず、なんとか、もっと社会のためになる仕事をしたいと煩悶《はんもん》していた。

私は藤田商店の輸入第二部長をしている高橋稔氏から甥に優秀な奴がいると聞かされ、加藤君に会い、一晩、語り合って意気投合した。加藤君はその翌日、会社に辞表を出して私のところへやってきた。

私は彼をアメリカのマクドナルドへ派遣し、ハンバーガーとハンバーガー大学に関するすべてのことを学ばせてから、私の新設したハンバーガー大学の学長に迎えたのだ。大学の学長といえば、どんな駅弁大学であっても、棺桶に片足踏みこんだような老人、というのが通り相場である。しかし、私は若い人の教育を若くてファイトのある人間に託したかった。

加藤学長は私の期待に応え、次々と優秀な人材を第一線に送り出してくれている。彼の教育は単に大学の中だけにとどまらず、新しく開店する店に彼の訓練した新人が出陣するときには、学長みずからその店に出向いて、店の隅で目を光らせているのである。

パイロットを養成するにあたって、まず、優秀な教官を任命した私の狙いは間違ってはいなかったようだ。

マクドナルドの秘密を公開したところで、それを取入れてマクドナルドを追いかけてくる人は、いずれ、パイロットの養成の必要性を痛感し、それにとりかかるだろう。しかし、マクドナルド・ハンバーガー大学のようなマニュアルがないから、彼らはその基礎作りからやらなければならないのだ。それができれば立派なものだが、これがなかなかむずかしい。

私がマニュアルとかノウハウと言うと、いかにも商売は理屈さえあれば成功するように思われるが、事業は理屈で成功するのではなく、その人の持っている動物的感覚が大きなウエイトを占める。大水が出る前にはアリは逃げるという。大火の前にはネズミがいなくなるともいう。彼らは理屈で逃げるのではなく、文字通り動物的なカンで危険を嗅ぎわけて安全なところへ逃げ出すのだ。

事業にしろ金儲けにしろ、大切なのはこの動物的なカンである。そして、動物的感覚をとぎすませて、まず把握しなければならないことは、時代がどう移りかわるか、ということである。

人間養成が金儲けの秘訣だ

ハンバーガー大学というと、いかにもハンバーガーを売って売って売りまくる人間を養成しているような印象を与えるが、実際は違う。確かにマクドナルドに伝わる商売のノウハウやマニュアルも教えるが、やはり、人間らしい人間の育成に主眼を置いている。

私はハンバーガー大学の入学式のときに、決まってこう言う。

「私は諸君に、当社が儲かるようにやれ、とは言わない。後世の審判に耐えうるようなインターナショナルな人間になってほしい。マクドナルドにいたためにいろんなアングルから物を見ることができるようになった、そう言える人間になってくれればそれでいい。

自分がそこまで成長したなと思ったら、独立なり転職を考えてやめると申し出ていただいてもいい。私はこの大学をインターナショナル・ビジネスマン養成学校だと思っている。諸君は月給をもらいながらその養成学校に入ってるのだ。その結果として、わが社が儲かるかもしれないが、私は何も諸君を牛馬のごとくこき使って儲けようとは思っていない」

まことにカッコいい訓辞だが、私は心からそう思っているのだ。

商売のヘタな人は、社員を牛馬のごとくこき使って儲けてやれ、などと考えるから儲からないのだ。人間の成長を心から念願して養成してやる。そうすると不思議なことに、社員を牛馬のようにこき使ってやろう、と思っている者の何倍、いや何十倍と儲かってしまうのだ。商法の根本は人間の商法である。

人間不在の商法で儲かるわけはない。

味はコックの腕に頼るな

マクドナルドのハンバーガーは、これまでのレストランの常識を次々と打破し、レストラン・食堂業界の台風の目となっているが、そのひとつにマクドナルドのハンバーガーはコックの腕に頼らなくてもいいということがあげられる。

これまでのレストランはコックの腕次第だった。コックの腕がよければうまいし、コックがへたであればまずいものしかできなかった。そこでコックのほうもパリへ留学して本場の味と調理法を勉強したり、一流ホテルの食堂で修業を積まなければならなかった。

日本の食事は5万年前の石器時代とまったく変わっていないが、この日本料理にしても、一流の板前になるには命がけの修業が要求されてきた。たとえば、日本独特の〝さし身〟であるが、これは生の魚に包丁を入れただけの簡単な料理であり、5万年前と少しもかわっていない。これをメシの上に乗せてにぎればニギリ鮨ができる。実に単純で簡単である。

ところが、このニギリ鮨からして大変なのだ。メシがきちんと炊けるようになるまでが3年、うまくにぎれるようになるまでは最低で5年かかるなどといって、新米の板前は米をとぐか、客席にアガリを運ぶだけで、メシには指一本触れさせてはもらえない。

「ニギリ一人前!」なんて、客のほうは気楽に注文するが、にぎる側は大変なのである。

ところが、マクドナルドのハンバーガーのように大量生産の場合には、コックがへたで味が落ちるというようなことがあるとえらいことになる。鮨屋の場合であれば、メシ炊きに失敗したら、炊き直せばいいが、大量生産のハンバーガーでは、全部捨てて作り直すようなことをすれば大損失である。

そこで、マクドナルドは機械を使って、素人でも常にうまいものを大量生産できる方法を考え出したのだ。機械まかせであるから、誰がどこで操作しても世界中で同じ味のハンバーガーができる。**つまり、マクドナルドでは、高い給料で一流のコックを雇い入れる必要のないレストランを世界のそこここに出現させたのである。**

だから、ハンバーガー大学では、コックは養成しない。マニュアルにしたがって正確に機械を操作できるパイロットを養成しているのだ。彼らは正確に機械を操作することで、何十年の修業を積んだコックが作るよりもうまいハンバーガーをアッという間に作り出すことができるのである。

コックを高い給料を払って雇わなくてもできる**世界均一のうまい〝味〟のハンバーガー。これこそ、『口』を狙う最大の商品である、**と私はにらんだのだ。そして、私の目に狂いはなかった。

世界均一のうまい味は、日本でもまた、喜ばれたのである。

時代の要求する商品を狙え

日本でもインスタント・ラーメンなど、食品開発が行なわれているが、日本で売れてアメリカでも売れ、ヨーロッパでもアフリカでも売れるような**〝世界の味〟の開発は不可能**

だろう。世界の味を開発するには、何百億円という巨億の投資が必要である。しかも、失敗をすれば、その開発費用は1円たりとも回収できない。

そんな金をかけてまで、世界の味に挑戦する企業は、日本にはない。そんなことをしなくても、現在食っているもので十分間に合っているじゃないか、というのが日本人の考え方である。国も貧しいが、人間の発想法も貧しい。だから、ここ数世紀、あるいは永遠に、マクドナルドのハンバーガーにまさる食品は出現しないだろう。

つまり、マクドナルドのハンバーガーは、後発商品に追い越されることを心配しないでいい、安全で確実に儲かる商品なのである。

このハンバーガーは、時代が要求した食品として登場してきたともいえる。

交通機関や科学の発達によって、近代生活は寸秒を争う、非常に忙しいものになった。こうした生活では、ナイフやフォークを使う食事だと、忙しさのあまり食べそこなってしまう。

自動車に乗っていてナイフやフォークを使うわけにはいかない。どうしても手づかみで食べられるものが必要になってきた。

そうした時代の要求にこたえて、アメリカが苦心惨憺して作り出したのがハンバーガーだった。私は日本が経済的にアメリカに追従していく過程から見ても、きっと日本でもハ

交通機関の発達
おにぎり文化
忙しい毎日
スピード時代
日本でもハンバーガーが必要になる!

ンバーガーが必要になるときがくると見た。

日本には手づかみで食べられる伝統の食べものがある。ニギリメシがそれだ。しかし、現代の若い人たちは米を食べなくなってきているし、ニギリメシは栄養のバランスに問題がある。若い人たちは肉が好きだが、ウメボシの代わりに肉をつめこんだニギリメシは、台湾料理にしかない。

そういった事情を考えると、日本でもニギリメシの代わりにハンバーガーの時代がくる、とにらんでいた。私は、ハンバーガーを未来のニギリメシと見たのである。

私の着眼点、発想法が間違っていなかったことは、売上げの数字が何よりも雄弁に物語っている。

ハンバーガーは〝文化〟である

マクドナルドのハンバーガーのような世界の味を持っている加工食品は簡単に開発されないとあれば、ノウハウ（技術情報）を買うだけである。開発に無駄な費用をかけるより、ノウハウを買ったほうが儲かれば、ノウハウを買うのが商売というものである。また、マクドナルドのノウハウは高い金を出して買う価値のあるものだともいえる。

日本の料理は、それがトンカツにしてもカレーライスにしても、どんな肉を使い、どんな油を、どのような状態で、どのようにして使うのが一番いいかという科学的な研究は、まったくなされていない。すべては料理人のカンにゆだねられている。当然、出来、不出来がある。

ところが、マクドナルドのハンバーガーは材料の仕入れから、保管、配送、加工に至るまで、科学的に研究され計算されたマクドナルド独特の設計明細書《スペック》にもとづいて作られたシステムで製造される。

たとえば、肉にしても、牛のどういう部分をどういうふうにカットして、それをどういう方法で配送し、保管はどんなところで温度は何度でそれを挽《ひ》くのはどんな機械でどうやるのかなどが、決められている。

パンの場合でも、マクドナルド独特の方法で、外から加熱せずにパンを中から焼き上げていくから、気泡の少ないうまいパンができる。パンだけ食べてもモチみたいにうまい。メーカーはこのパンをスペック通りに焼けるようになるまで1年かかっている。

パンと肉だけがマクドナルド独特のものではない。マスタードにしてもケチャップにしてもスペックの通りに作られている。

ハンバーガーだけではない。コーラのストローの太さも、店に備えつけたゴミ箱も、スペック通りに作られたものばかりだ。既製品をそのまま使っているのは、強いて探せば箒《ほうき》ぐらいのものである。

ハンバーガーを作る機械を操作するのは、マクドナルド大学を出た人間である。ＰＲにしても、ＰＲのスペックがちゃんとあって、その通りにやればいい。

このように、マクドナルドのハンバーガーに必要なものはすべてシステム化されている。つまり、マクドナルドのハンバーガーは、単なる〝食いもの〟ではなく〝文化〟であるといえる。人類が高度の技術で開発した新しい文化にほかならない。

マクドナルドのハンバーガー・ショップの立地条件は、アメリカでは人口４万人に１店の割合ということになっている。現在、アメリカのマクドナルドのハンバーガー・ショップ２４００店舗。ここで毎日１０００万個のハンバーガーが売りさばかれている。

文化は文化でも、大変に儲かる文化である。

デパートは〝文化〟を売れ、スーパーは〝生活〟を売れ

私がマクドナルドのハンバーガー・ショップの１号店を出す場所として、銀座三越という一流のデパートを選んだのも、ハンバーガーが〝文化〟であるからにほかならない。

昨今では、デパートはスーパーの凄まじいばかりの攻勢にあって、眠れる豚と化しつつある。

スーパーは、塩とか醤油などの食料品や日用雑貨、普段着などを安く売っている。つまり〝生活〟を売っているのだ。しかも、たいていの住宅地の周辺に進出しているから、客はわざわざ遠方のデパートへ出向く必要がなくなった。

スーパーが〝生活〟を売るからには、眠れる豚が生きのびる道は〝文化〟を売るしかない。

たとえば、スーパーで売っている大根には、松下大根とか日立大根といったブランドはない。どれも無名の大根である。しかし、デパートで売るものにはブランドがある。婦人服であれば、クリスチャン・ディオールだ、ピエール・カルダンだ、パイプならダンヒルだ、というのがデパートである。

換言すれば、デパートはブランドを売るべきである。文化を売らなければならない。マクドナルドのハンバーガーは、ブランドのない、氏素姓のわからないハンバーガーではない。「マクドナルド」という最高級のブランドのついた「文化」なのである。

気持よく儲けろ！

マクドナルドのハンバーガーは文化であるから、ハンバーガー・ショップのある地域の人々や隣人に迷惑をおよぼしてはいけないと考えている。迷惑をかけるどころか、むしろ貢献をしなければ本物の文化とはいえないと思っている。地域や隣人たちに貢献すれば気持がいい。また、どんなに儲かっても、誰も文句は言ってこない。環境を破壊してまで儲けようとするから、地域の中で浮き上がり、隣人たちと争わなければならなくなる。公害企業などがそのいい例だ。

私は、ハンバーガー・ショップの開店中も閉店後も、清掃パトロールを繰り出して、ハンバーガーの包装紙やコカ・コーラの空のカップはいうにおよばず、タバコの吸いガラに至るまで、丹念に周辺の清掃を行なっている。

ところが、この清掃をやっかみ半分に、

「天下の公道を無料で商売に使っているフラチな奴が、掃除をするのは当然だ。一坪何百万円の土地をタダで使っているのだから、掃除代ぐらい安いものだ」

と陰口を叩く輩《やから》がいる。

確かに日曜日の歩行者天国の銀座通りや上野・新宿などは、天下の公道がマクドナルドのレストランに一変する様相を呈するが、そんなことをとやかくいうのであれば、国民の大気を勝手に汚染させ、公海をタレ流しで汚し、あと始末もしないような企業はどういえばいいのだろう。

気持よく儲けるには、そのような環境作りをすることが肝心である。

清潔な店に金宿る

マクドナルドには『Q・S・C』という三本柱がある。

『Q』は〝QUALITY〟（クオリティ）、つまり品質である。いい品を売ることを私たちは「バリュー（価値）を売る」と言うが、その価値あるいい品こそ、誰にも誇れるクオリティがあるものなのだ。ハンバーガーも、まずクオリティに価値があることが要求される。

『S』は〝SERVICE〟（サービス）。これは文字通り、お客さまに気持のよいサービスを提供することである。そして、三本目の柱が『C』、つまり〝CLEANLINESS〟（クリーンリネス）、清潔さなのである。

マクドナルドでは、とくに「清潔さ」に関しては万全を期している。食品衛生法では一定の基準があって、ごく微量の大腸菌は容認しているが、私は常に「ゼロ」を要求し、また事実、マクドナルドでは大腸菌ゼロを誇りにしている。許容範囲内、などという生ぬるい「清潔さ」では我慢ができないのだ。

マクドナルドでは手の洗い方にもマニュアルがある。手を洗う場合、水道の水だと10秒間洗わなければ、バイ菌がきれいに落ちない。しかも、バイ菌がもっとも多くつくのは、爪の間である。そこで、マクドナルドは従業員に爪の洗い方から手の洗い方、逆性石鹸の使い方まで教え、その通りに洗うようにきびしく要求している。

医師は手術前に手を消毒すると、決して手術器具以外はつかもうとしない。口に入れる物を販売する者は、この医師のやり方を見習うべきで、商品以外にはさわってはならない。

あるとき、銀座のクラブで飲んでいると、そこのホステスから、

「マクドナルドは非常にいい」とほめられた。

「私の家は大井町で、職業上、いつも帰宅は夜中だけど、何時に帰っても駅前のマクドナルドはあかあかと電気をつけて掃除をしているの。あれはとても気持がいいわ」

と言うのである。

日本のレストランは、終業時間が来ると、さっさと店を閉めて帰ってしまうが、マクド

ナルドでは終業後に清掃マンが二人一組で出勤して、夜通し清掃をするのである。

あかあかと電気をつけて清掃をするのは、決して演出ではないが、これを見た人は、必ずといっていいほどマクドナルドに信頼感を抱いてくれる。

この清掃もマクドナルド商法の、一貫したシステムのひとつである。そして、マクドナルドはこうした強力なシステムに支えられているから成功しているともいえる。

食べ物を扱う店は清潔にしなければならない。清潔であれば客は来るし、儲かるのだ。

"スマイル"こそ金儲けの原理原則だ

「マクドナルドの店員さんは実に愛想がよろしい」

というおほめの言葉をいただくことが多い。レストランや食堂の従業員がつっけんどんになっている昨今だけに、マクドナルドの従業員の笑顔での応対は、ことさらにお客の心をとらえるようだ。

経営者としては、鼻が高い。じつは、これにも仕掛けがある。

マクドナルドの各店のキャッシュ・レジスターの下には、必ず、「スマイル」と書いてある。

従業員が売上げ金をレジスターに入れたり、釣銭を出すとき、いやでもこの文字が目に入るようになっている。そこで、従業員も自動的に笑顔で「ありがとうございます」というわけだ。

この方法は、マネージャーが、

「お客さんにはニッコリしなさい」

と百万遍教育するよりは効果がある。

おそらく、マクドナルド以外のレストランや小売店で、キャッシュ・レジスターに「スマイル」と書いてある店は日本には一軒もないだろう。

笑顔で商売をすれば、必ず客はふえる。好感を持たれるからだ。健全なる肉体に健全なる精神が宿るように、笑顔の店には金が宿る。

マクドナルドでは、ちょっとでも店の前に通行人が立ちどまると、若い女性の従業員がニッコリ笑って、

「おひとついかがですか」

とすすめる。すすめられた客は笑顔に誘われて、ついふらふらと買ってしまう。これも笑顔の勝利である。

その笑顔は、マクドナルドのハンバーガーに従業員一人ひとりが絶対の自信を持ってい

るから、ごく自然に出てくる。彼女たちは、こんなに安くてこんなにうまいものを食べなければ損だ、と心から思っているから、優しく笑顔ですすめるのだ。

客の〝コンプレックス〟をつけ

ハンバーガーを買いにくるお客さんは全部が全部店頭で立ち食いする人ばかりとは限らない。

中にはお持ち帰りになる人もいる。そのために、焼き上がったものはその場で包んでお客さんに渡すようにしている。焼き手と包む店員はそれぞれ作業を分担しているが、**マクドナルドの従業員は「できたぞ、包んでくれ」と日本語では言わない。「ラップ・アップ・プリーズ！」と叫ぶ。つまり、英語を使うのだ。**

私は店員同士のやりとりは、すべて英語でやるように、と教育している。若い女性客などは、店員同士の英語のやりとりを、うっとりした目で聞いているのだ。それだけで、外国へ来たような気分になるのである。

こうした効果を考えて、私は、あえて従業員に英語を使うことを要求している。

というのも、日本人は、元来、英語に弱い。

語学コンプレックスは、とりもなおさず、外国人コンプレックスにつながる。そうすると、奇妙なことに、外国人の食っているものは、うまそうに思われてくる。

マクドナルドのハンバーガーは、もともと外国人の食物であるが、それだけに日本人の外国人コンプレックスをつくとよく売れる。従業員に使わせる英語は、日本人の外国人コンプレックスをつく小道具なのだ。

事実、マクドナルドにやってくる外国人客は多く、それがまたとない宣伝になって、つりこまれて日本人が買うケースも多い。

「英語を使え」

と私が店員に要求するのは、つまり、日本人のコンプレックスをつけ、ということである。コンプレックスをつけば儲かるのである。

それも、ただ、私だけが儲かるのではない。私は儲かるが、ハンバーガーに馴れることで、お客さんは外国人の食べものに馴れていく。ハンバーガーという外国人と同じものを食べ続けることで、外国人コンプレックスが薄れていく。これは日本にとっても、お客さん自身にとってもたいへんなプラスになる。外国人コンプレックスから抜け出すことで視野も広くなるだろうし、考え方にも柔軟性が出てくる。発想法も島国的なものから国際的なものへと飛躍していくだろう。そうした国民全体の大きな利益の前には私の儲けなどは微々たるものである。

私は冗談でこんなことを言っているのではない。真面目も真面目、大真面目である。私は国民の利益向上を信じて、ハンバーガーを売りまくっているのである。

第3期文明ショックを直視せよ

日本の歴史を見ると、日本は過去に3回、文明のショックを受けている。

第1回目が大化改新である。このときに中国から文字が上陸した。

第2回目は明治維新である。徳川300年の鎖国が解かれ、西欧文化が入ってきた。

第3回目が戦後のアメリカ文化の流入である。歴史の上では、日本は連合国に敗れたことになっているが、実際はアメリカに負けたのである。そして、アメリカ文化が次から次へと日本に上陸してきた。

ちょっと周囲を見まわせば、よくわかる。IBM、コカ・コーラ、パーカー、ジーパン……あらゆるものは全部アメリカのもので、ヨーロッパのものなんかない。オールアメリカ文化である。そして、そのアメリカ文化の真打ちとして登場したのが、ハンバーガーである。

ところが、日本人はじつに柔軟な頭脳で、怒濤《どとう》のごとく押し寄せたアメリカ文明を上手に吸収し、新しい戦後の日本文明を創造した。ハンバーガーの売上げ新記録を日本が出したのも、そのひとつの現われである。

アメリカ人は日本人の豊かな創造性に、今や驚きと敬意を見せはじめている。そしてアメリカ文化を吸収して新しい文化を作り出した日本から、もう一度、その文化をアメリカへ持ち帰ろうという『ブリング・バック・ツー・U・S・A』の運動が起きつつある。アメリカが日本に与えた文明のショックを、今度は再びアメリカへ持ち帰ろうというのである。

日米の平和のかけ橋となる文化は、マクドナルドのハンバーガーである。

日本にないものが売れる

ある小話を紹介しよう。

ある未開国に、靴のセールスマンが二人、連れだってやってきた。未開国の住人たちは、みんなハダシだった。それを見て、一人のセールスマンは、いまいましそうに叫んだ。

「とんだ国へやってきたものだ。見ろよ、住人たちの足の裏ときたら、靴底より頑丈じやないか。こんなところで靴なんか売れるわけはない」

もう一人のセールスマンは、にっこりと笑って舌なめずりをした。

「いや、靴は絶対に売れる。なぜなら、みんな靴をはいていないからね」

話はこれで終わりである。果たして靴が売れたかどうか、結論は出されていない。

私が、ハンバーガーを売る、と言い出したとき、大半の人が「無謀だ」といって引きとめた。

「パン食の習慣のない日本で、しかも肉よりは魚が好きな日本人に、ハンバーガーなんか売れるわけはない。日本にハンバーガーが本格的に上陸して、その売れ具合を見て、いけそうだという見通しがついてから乗り出すというのなら話は別だがね」

そういって、やめろ、やめろと言う。

先の靴のセールスマンではないが、私は、本格的にハンバーガーが日本に入ってきていないからこそ売れる、と確信していた。

私は、ハンバーガーを売ることに踏み切り、昨今の銀座では、片手に飲物、片手でハンバーガーをほおばりながら歩くのが、若者の間での新しいファッションになった。

リスクの大きいものほど儲かる

お金儲けに関心のある人にとって、何とも神秘な存在なのは、スイス銀行である。スイス銀行の話になると、目の色が変わる人は多い。

たとえば、手元に100万ドルの現金があり、これを元手に金儲けをしたいと考えた場合、スイス銀行に相談するのは、非常に賢明な方法であるといえよう。

スイス銀行は、世界に名の通った人の紹介があれば、目の前の電話を取り上げるだけで、相談に乗ってくれる。客の手元の金高に応じて、金儲けのメニューをいろいろと取り揃えてくれるのだ。

たとえばこんな具合にである。

「高い利息がお望みなら、年25パーセントというのがあります。これなら、4年で元がとれますよ。さる低開発国の（もちろん、国の名は、はっきりといってくれる）電源開発工事です。ただし、利息は高いですが、革命が起こって、この事業が国営化されてしまうと、元金も利息もアウトになる可能性もあります。そのリスク（危険）をあなたが負うのであれば、元金は年25パーセント払います。リスクを負担するのがいやだとおっしゃるのであれば、当銀行で保証しましょう。そのかわり、利息は年間6パーセントですよ」

年間6パーセントならば、日本と変わりはない。

ただし、**スイス銀行の場合は秘密は守ってくれるから、日本の政府が調べても、預金者の氏名は絶対にわからない。当然、税金を差し引かれることはない。**

面白いことは、当座預金にすると、利息を銀行に取られることである。

日本では当座預金は無料で銀行が預かってくれるが、**スイス銀行はちゃんと保管料を取るのである。**

それはともかくとして、リスクの高いものに高利を払うというのは、リスクの高いものほど儲かることを示している。

そして、**何事をやるにしても、先駆者《パイオニア》が背負う危険《リスク》がもっとも大きい。**

それはとりもなおさず先駆者が成功した場合には莫大な利益がもたらされるということでもある。

それでは先駆者なみに莫大な利益があがり、しかもリスクは最小のものが、存在しないのだろうか。それがあったのである。

マクドナルドのハンバーガーがそれである。

なるほど、パン食の習慣のない日本に、ハンバーガーという日本人の食ったことのないものを持ち込むという意味では、先駆者のリスクが多分にあったかもしれない。しかし、冷静に考えてみると、そのリスクは、アメリカでの売行きの実績、コック不要の世界共通の味、計算されたノウハウなどによって、ずいぶん薄められていたといえる。

私は、ハンバーガーという、儲かるベルトコンベアに乗っておればよかったのだ。

四角より丸いものが売れる

不思議なことに、人間は四角いものより丸いものを好む。硬貨にしても、世界の大半の国の硬貨は円形である。日本では、親指と人差指で円を作れば、おカネのことを意味する。

この人間の性癖を商売に活用しない法はない。つまり、商品でも四角よりは丸くしたほうがよく売れる。

ハンバーガーがよく売れる秘密のひとつに、形が人間の好む円形をしていることをあげることができる。細長いホットドッグよりもハンバーガーのほうが売れるのは、味もさることながら、円形に負うところも多分にある。

商売やるなら性悪説に立て

日常生活をする上では性善説に立って隣り近所の人と仲良くするのは非常によいことである。しかし、商売にまで性善説を持ち込むのは賛成できかねる。**むしろ、人の性は悪なりという基本に立ったほうがいい。目をはなせば必ず泥棒すると思うべきだ。**

ところが、日本人は商売にも性善説を持ち込む。25年間銀行につとめながら9億円チョロまかすようなOLが出てくるのも、そのためである。25年間もつとめたから大丈夫だと考えるのは、性善説にほかならない。

性悪説に立てば、そんな甘い考えは出て来ない。何十年つとめようと、ヽヽヽアシタ泥棒するかもわからないと考える。30年つとめようが油断はならない、と注意をおこたらない。結果としてはそのほうが事故も起こらないし、商売はスムーズに行く。

人間は人が見ていないと、悪いことをしがちなものである。たとえば、これはと思う紳士が立ち小便をしたりするのもそうである。

悪いことをさせないために、かくかくしかじかの予防策を講じるということを、はじめにきちんと決めてから仕事にとりかかるべきである。

たとえば、アメリカのマクドナルドでは金銭を扱う従業員にはスカートをはかせない。スカートをはかせると、スカートの奥の女性の〝人権〟の所在する近辺のガーターなどに金をはさんでネコババしてしまうからだ。そうした事故をふせぐために、スカートのかわりに全部ノーポケットのスラックスをはかせている。

ときおりネコババした従業員が発見されることがある。日本では、こんな場合、その従業員はただちにクビの宣告をされるが、アメリカは違う。クビにせず、「二度と取るな」と戒告するだけで、これまで通り働かせる。決して人手不足だから小言だけですませているのではない。絶対取られないように万全の策を講じて、それでも取られたときは、取られるほうも半分悪いという考え方がある。だから「もう取るな」と言うだけで、その人間をまた使うのだ。

そこへ行くと、日本人は防御策を講じておかないでわざわざ金を取られやすいようにしておいて、取られたときはクビにする。

私にはどうもこの日本的な考え方は不合理に思われてならない。

商売は戦争である。戦争だから油断すれば持っていかれてしまう。戦争に性善説を持ち込んでも通用しない。勝ち残るには性悪説あるのみだ。

それもこれも、日本は異民族による征服を受けたことがないから、とことんまで国民がいじめられるというみじめさに遭遇していないためである。一国家一民族だからドギツさがない。

私が、会社は性悪説でやれというと、それはダメだ、マイホーム主義でいかなくちゃという経営者は多い。中には、社員は全部ひとつの家族と考えなきゃいかんと本気でいう人もいる。

しかし、私はその考えの方が間違っていると思う。マイホーム主義などという、そんなホトケさんみたいなことをいっていて勝てるわけはない。経済戦争と家庭は別である、と考えるべきである。

蛇足だが、私は日本のマクドナルドの女子従業員にはスカートをはかせている。私が性善説をとっているのではなく、スカートの奥に売上げ金を隠すような女のコがいないからだ。

「ただ今の商売」でやれ＝明日を期待すると失敗する

マクドナルドはハンバーガーを売る際に、〝Right Now Business《ライトナウビジネス》〟だという。

つまり「ただ今の商売」であるというのだ。

商売をやっている人がよく口にするセリフに、

「きょうは売上げが思ったほどなかったから、あした売上げを取り返そう」

という意味のものがある。ところが、これは間違いなのだ。

商売をする上では「きょうはきょうで終わりであり、あしたはあしたで違った日である」と考えるべきである。あしたを期待するから、期待通りにいかないときに首をくらなければならなくなるのだ。

商売には過去も未来もない。商売は「ただ今の商売」でなければならない、というのが、マクドナルドの基本的な姿勢なのだ
「ただ今の商売」ということは、とくに小売業をしている人には役に立つ商売の格言であるといえよう。

第2章

知識より知恵だ

10年前のセンスでは生き残れない

プロペラ機の時代には、東京─大阪間の所要時間は2時間、東京─香港間は8時間かかった。これがジェット機になって、東京─大阪間は40分、東京から香港までは3時間あまりで行けるようになった。便利になったものである。と同時に、忙しい時代にもなった。

飛行機だけではなく、すべてのことがジェット化されてきたのである。

商売でも同じことがいえる。プロペラ時代に1000万円儲けた人は、ジェット時代では5000万円儲けなければ儲けたうちには入らなくなった。人件費も上がり、経費も上がってきている。その分だけ稼がなければたちまち赤字になってしまう。

ところが、自分自身は東京から大阪へ出張するのにジェット機を利用しながら、世の中のすべてがジェット化してきていることに気がつかない経営者は意外に多い。

「人件費が上がって大変だよ、君ィ」などとのん気なことを言っている。中には関連会社60社中58社が赤字になって親会社に引っ張ってもらっているといったグライダー時代の経営をやっている前時代的な経営者もいる。

ジェット機に乗って、

「はっはっはっ、世の中は便利になりましたねェ。これで大阪へ早くつけるようになったので、ゆっくりメシが食えるようになりましてねェ、はっはっは……」

などと笑っているようでは、救いようがない。まるでご当人は、東海道を「下にィ、下に」と下っていった時代の感覚でしか、ものをとらえていないからだ。

ジェット機に乗った瞬間から、「よし、俺もこれからは2倍のスピードでやってやろう」と、こうこなくてはジェット時代を生き抜くことはできない。

しかし、2倍のスピードで仕事を処理しようと決意したところで、人間の能力には限界がある。それをサポートするためにコンピューターが登場した。

シカゴのマクドナルドの本社はグラマンGⅡという自家用ジェット機を持っている。もちろん、私は操縦免許はないが、操縦する気になれば私にもできる。人間が飛ばしているのではなく、コンピューターで飛んでいるからだ。コンピューターを使うことで、目的地までの所要時間から、周囲にいるほかの飛行機の有無までわかる。

企業も、今やコンピューター操業の時代に突入した。コンピューターを有効に使わないような企業は墜落あるのみだ。

グライダーの場合は「あっ」と思ったら、操縦桿《かん》を引いて着陸すれば危険は回避できた。ジェット機はボイス・レコーダーでわかるように「アーッ」で終わり。

しかも、墜落するのは何も航空機ばかりではない。油断していると企業も墜落する。

ショーウィンドウは時代遅れ

社長室から銀座通りの人の流れを見ていて感じるのだが、最近は街を歩く歩行者のスピードが速くなった。ジェット機や高速道路時代にふさわしく、どうやら人間までもスピード・アップしたようだった。

この歩行者のスピード・アップは、商売に非常に関係がある。

歩行者のスピードが速くなったことは、歩行者がある目的を持って歩くようになったからである。目的を持って歩くようになったということは、それだけ時間がなくなったといえる。

歩行者が無目的に歩いていた時代は、フラフラと銀ブラに出てきた客が簡単にひっかかったものだ。ショーウィンドウは丹念にのぞいてくれるから、ここへ飛びつきそうなものを飾っておくと、それで商売は成り立っていた。ところが歩行者が目的を持って歩くようになり、そのスピードが1・5倍になると、ショーウィンドウは役に立たなくなった。田舎から出てきた儲けとは全然関係のないおのぼりさんは目を丸くしてのぞいてくれるかもしれないが、釣り上げたいと思っている懐《ふところ》の豊かな客は見向きもしてくれない。

そこで、こうした客の目を引くためにに、やたらにチカチカ、ピカピカするもので店先を飾り、少しでも客の注意を引こうとするようになった。

銀座だけではない。マクドナルドのハンバーガーを売っている東京駅八重洲口地下街を歩く通行人のスピードも軒並みに速くなった。こうなると、こちらも毛バリでひっかけるしかない。ただ『マクドナルド』では、アッという間に客は通りすぎてしまう。そこで、毛バリでいこうと『朝食あります』という意味の絵看板を出したことがある。朝メシ抜きのサラリーマンは「朝食」の絵を見ると、急にハラがクウと鳴って、空腹を思い出すらしい。次から次に駆け込んできた。

このスピードも、年を追うごとに速くなり、やがて鮎からツバメになるだろう。その時に備えて、私は今からツバメ返しの秘策を練りはじめている。

人は遠くから見るべし

歩行者のスピードが速くなったのは、日本だけの現象ではない。ニューヨークでも、パりでもローマでもロンドンでも香港でも速くなった。世界的現象である。

ところが、私が歩行者のスピードが速くなった、と言っても、ピンと来ない読者がいらっしゃることと思う。１、２年前と比較するから、どれだけ速くなったかハッキリしないのだ。尺度をかえて、１００年前と比較していただいたら、ハッキリする。

「下にィ、下に」の時代とくらべると、誰の目にも現在の歩くスピードの方が速くなっていることは一目瞭然だ。

時間でも、１年、２年よりは１００年の長さで物を見た方が移りかわりがはっきりとわかるように、人間も遠くから見た方が長所、欠点がよく見える。

ユダヤ人の諺に、「人物を見るときは遠くから見なさい」というのがある。

商売においては、特にいい相手を選ぶことが肝心である。もちろん感情に走って相手を見る目を曇らせるなどは愚の骨頂である。間違いのない相手を選ぶには、人を見る目を養うことだが、まず遠くから見てみる。人間は二重人格である。動物的な一面と、カントのいうような理性的で高尚な一面とを持ち合わせている。

遠くから見ると、この人間の両面が見えるのだ。近寄って見れば、なるほどニキビがあるとか金歯があるといったところはよく見えるかもしれないが、人間の持っている二つの面がどんな状態にあるかということは、かえって見えなくなるものだ。

営業、行ってきます！
今日も一日、がんばりましょうね！
キラキラ
本当さわやかだわ～
鈴木くん……
まぶし～わ
…が、社外では…
うっせーババア
じゃまだババア
歩きタバコ禁止だぞ
ドン
ちょっ

しかも、近くで見るよりは遠くから見る方が、長所がよく見える。富士山がいい例だろう。遠くから見ればスタイルもいいし、神秘的な感じすらするが、いざ登ろうと近寄ってみれば穴ボコだらけで木は生えていないし、なんともひどい山なのだ。

日本人は、どういうものか、近くからものを見たがる。

前へ前へとせり出して、一歩でも近くから見ようとする。その結果、長所よりも短所ばかりを見るものだから、長所を学ぶよりもアラ探しに終始してしまう。

これでは正しい判断など下せるわけはない。

会社の中でも、こんな上役は意外に多い。ボーナスの査定にしても「あの野郎、きのう生意気なことを言ったから減らしてやれ」、といったことをいう。ボーナスはそんなことで決めるべきものではない。半年間なら半年間、遠くからその人間を見て、公平に査定しなければならない。

私は、つとめて社員をつき放して見ることにしている。つき放して見れば見るほど、社員がどんな人間でどれほどの働きがあるかがよく見えてくるから、不思議である。

「ギブ・アンド・テイク」では損をする

「藤田さん、商売はギブ・アンド・テイクですよ」

という日本人は多い。私はそう言われるたびに〝俺は慈善事業をやってるんじゃない〟と商売を知らない日本人に舌打ちしてしまう。

商売がギブ・アンド・テイクなんて、冗談じゃない。

「ギブ・アンド・テイク」

と、最初に言ったのはイエス・キリストである。しかし、彼は宗教家であってビジネスマンではない。

〝ギブ・アンド・テイク〟は人をみちびくための宗教上の発言なのだ。

明治以後、100年間、日本は常にキリスト教文化の影響を受けてきた。日本へ渡航してくる外国人の大半はキリスト教徒であり、彼らはちょっとばかり、いいカッコをしようとして「ギブ・アンド・テイク」というキリストの言葉をことあるごとに口にしたのだ。それを日本人は、商売もギブ・アンド・テイクでやるのだろうと錯覚してきたにすぎない。

人をみちびく宗教上の教えを商売に応用していては勝てるわけはない。聖書に書いてあることは宗教的には間違ってはいないが商売には使えない。宗教は宗教、商売は商売と、はっきり分離させるべきである。宗商分離してかからなければ儲からない。

商売は「テイク・アンド・アスク・フォー・モア」だ

世界の冠たる商人たちは、決して「ギブ・アンド・テイク」などとは言わない。ギブなしである。取って取って取りまくる。彼らのモットーは、「テイク・アンド・アスク・フォー・モア」である。つまり取ったうえで、「さらにもっとよこせ」というのである。

これなら儲かる。

「ギブ・アンド・テイク」は、儲ける前に、まず、与《ギブ》えなければならない。だから、あとでその分だけ儲《テイク》けても、ブレイク・イーブン、つまり、元々である。よくてトントン、へたをすれば、大損をしかねない。

「テイク・アンド・アスク・フォー・モア」と手を出すからには、こちらも遠慮なく取りまくったうえで「もっとよこせ」と手を出さなければ、彼らに太刀《たち》打ちはできない。

"神様"と"ご先祖様"を混同するな

日本人は神様とご先祖様を混同している場合が多い。しかし、欧米では、神様は神様、人間は人間と、一線を画している。人間は死んだところであくまでも人間であって神様にはならないというのが彼らの考え方である。

キリスト教徒にとって神は万能であり、人間とは異質のオールマイティであり、人間よりはるかにスーパーな存在なのである。そして人間は、その万能でオールマイティでスーパーな神に支配され、少しでも神に近づこうと努力している存在なのである。

だから、成功も失敗もすべては「神のおぼしめし」であるから、実にのびのびとしている。たとえ失敗しても「神のおぼしめし」であるから首をくくる必要はないからだ。

一方、日本人は、ご先祖様がパーフェクトであると考えている。そのために、ご先祖様を神様として祀《まつ》ったりする。

しからば、そのご先祖様が生存中からパーフェクトであったかというと、これがまことに不完全な人物で、女性に対して不品行の限りをつくしたり、借金したり、人をだましたりした人物であったりする。日本ではこの不完全人間が、死ねばたちまちパーフェクトな神になるのだ、と欧米人に説明しても、そんな無茶な理論をとても信じてはくれない。

日本人は、不完全人間から、突然〝成神〟したご先祖に、たいへんな義理立てをする。

〝成神〟とは奇妙な言葉だが、成り上がり者の金持ちを〝成金〟というのであれば、成り上がり者の神様だから〝成神〟でいいだろう。〝成神〟ではありがた味が薄いが、仕方がない。

それはともかくも、この〝成神〟したご先祖様にたいへんな義理立てをして、

「親父の遺志を継いで頑張らなければ」とか、

「死んだ親父が、やれ、と言ったから利益は度外視してやる」

などと、へんに力んでやみくもに突っ走り、それが行きづまってしまおうものなら、

「死んだ人に申しわけない」

と口走って、首をくくったりする。

これでは、あたら儲けを貧乏うちわであおぎ飛ばしてしまうようなものだ。

しかし、ご先祖様を〝成神〟扱いしているうちはまだしも、死者イコール神、という考えにまで押しすすめると、はなはだ危険な発想が出てくる。

「お国のために死んだ英霊に申しわけない」

という考え方である。

死者やご先祖様を大切にすることには異存はないが、キリスト教徒がオールマイティの神と不完全な人間とをはっきり区別しているように、自然界の絶対なるものに対する考え方と、人間に対するそれとは、明確に区別する必要がある。

日本人が神様とご先祖様を分けて考えるようになれば、日本人はもっと自由でのびのびした発想ができるだろう。このジェット時代に、失敗をご先祖様に結びつけ「こんなことになってご先祖様に申しわけない」と自分を責めるあまり、更に状況を悪化させるような愚は、絶対に行なってはならない。


商売は死んだ人のためにやるのではなく、生きている自分のためにやるべきだ。

〝知識〟より〝知恵〟だ

彼らは日本人の「ご先祖様に申しわけない」式の貧弱な発想法にくらべて、はるかに頭が柔軟である。

相対性理論で有名なアインシュタイン博士には親類縁者が多く、総計11ファミリーにものぼる。

このファミリーのひとりでアインシュタイン博士のいとこにあたるウォーレンシュタイ

ン氏がいる。こちらは科学者ではなく、商人であり、私の友人である。

アメリカでウォーレンシュタイン氏に会ったとき、私は彼に質問した。

「僕に、教えてくれることはないかね。たったひとことでいいから、何かあったら教えてほしい」

「人間はね、知識《ナレッジ》より知恵《ウィズダム》を尊重すべきだ。それだけだね」

ウォーレンシュタイン氏は即座に答えた。

私は、なるほど、と思った。〝知識〟とは多くの人々とつき合って多くの情報を集めることである。しかし、情報はただ集めるだけでは役に立たない。情報は何かを創造《クリエイト》することに活用してこそ生きてくるものである。そして何かを想像する活動力となるものこそ〝知恵〟なのだ。

私が、他人の軒先を借りる方法を考えついたのも、ウォーレンシュタイン氏のいう「知識よりも知恵」を知らず知らずのうちに実践していたことになる。

〝知恵〟は単に人間にとって大切であるばかりではなく、〝富〟を創造していくうえでも重要な決め手となるものだといえる。

商売は〝オール・オア・ナッシング〟だ＝国際経済戦争に勝つために

数年前まで、私はニューヨークやシカゴの友人たちから、「ミスター・フィフティ・フィフティ」と、呼ばれたものだ。

これは私にとっては、はなはだ不本意な呼ばれ方である。

私は、自分の名前の発音については、特に気を配り、名前から藤田商店の正規の領収書にまで『藤田田（デンと発音して下さい）』と印刷しているほどである。つまり、藤田田だけが固有名詞ではなく、カッコの（デンと発音して下さい）までが固有名詞であると称しているのだ。それにもかかわらず彼らは「ミスター・デン・フジタ」とは呼んでくれなかった。

「フィフティ・フィフティ」——日本語に直せば「五分五分」である。

「ハーイ、ミスター・フィフティ・フィフティ」と呼ぶことは、

「よおよお、五分五分クン」

ということだ。つまり彼らは私を冷やかし半分に呼んでいることになる。

確かに日本人は、何かトラブルが起こると、ナカをとって五分五分で手を打つことが好きだ。私も、初めのころはこの日本人的性格を丸出しにして、何かといえば「フィフティ・

フィフティ」を連発したものだ。それを彼らは冷やかしたのである。

彼らは、10メートルを10キロメートル、5分間を1時間と考えるほどだから、結論をウヤムヤにしてフィフティ・フィフティで折半しようとするやり方では決して納得しない。彼らは常に、商売とはオール・オア・ナッシングだ、と考えているのだ。

オール・オア・ナッシング——全勝か全敗か、である。「五分五分」などという引き分けは、商法にはない。商売とはそれほどきびしいものだ、というのが彼らの態度である。

〝商売〟というものは、人間の欲と欲が火花を散らしてぶつかり合うところからスタートする。当然、トラブルはつきものである。そして、すべてのものに原因と結果があるように、商売上のトラブルにも原因がある。

その原因を追及していけば、どちらが悪いかがはっきりする。

アメリカ人はトラブルに直面すると、徹底的に原因を追及する。そして、どちらが悪いかをはっきりさせ、それから解決策を考える。解決も、どちらが悪いかはっきりしているから、きわめてスピーディに片がつき、あとにシコリは残らない。

〝まあまあ〟主義は通用しない。

ところが日本人は原因を追及しようとはせずに、「まあまあ」で片づけようとする。

「いや、私も悪いけどあなたも悪い。まあまあ、そういわずに、ここらでナカをとって手を打とうじゃありませんか」とくる。

商売に対する考え方が非常に甘いのである。

外国の商人は日本人のこの〝甘さ〟を見逃さず、ここをついてくる。外国の商人は自分にトラブルの原因があっても、日本人が決してその点を追及してこないと知ると、図々しくクレームをつけてくる。

「日本人にイチャモンをつけると必ず折れる」

彼らはそういって日本人のバカさ加減を笑いながら、確実に日本人相手に儲けているのである。ちょっとしたことでもクレームをつけると、日本人は五分五分で話をつけようとする。八分二分で自分が不利でもクレームをつければ五分五分になるからその分だけ儲かる、といって笑うのだ。

金儲けがしたかったら、〝オール・オア・ナッシング〟の精神を身につけることが先決である。〝オール・オア・ナッシング〟が富を生む考え方であるならば〝五分五分〟は、みすみす儲けを吐き出す商法であるといえる。

いくら『円』が強いと威張ってみても、日本人が「五分五分」商法を捨てない限り、国際経済戦争に勝ち目はない。

因果律にしたがえ

すべてのことは原因があって起こる、というのが、因果律である。人間が存在するのも両親があればこそであり、短気であるとか、頭がいいといった個人個人の性格も両親の遺伝によるところが大きい。

しかし、すべてを因果律で決めてしまっては、人生、味もそっけもなくなって、面白くない。そこで出てくるのが人間の自由意志だ。

ところが、この自由意志はきわめて厄介なものである。すべてを因果律で決めている限りにおいては、人間はケガをしないが、自由意志があるために死刑になることもありうるのだ。

たとえば、挑発的なスタイルの女性を見て欲望にかられ、これを強姦し、誤って死に至らしめたとしよう。挑発的な女性を見て強姦するのは因果律では当然である。という見方をすればこの男は罰せられることはないが、どう見てもこれは因果律ではないから、自由意志でもって犯し、殺した、と見なされる。そしてそのために、死刑の判決を下されるのである。犯罪人の処罰は、このように、人間には自由意志が存在する、という仮定のもとに行なわれる。

こうしてみると、人間はある程度の自由意志を持ち、ある程度の因果律にしたがっているものといえよう。そして、人生が面白くなかろうが無味乾燥であろうが、人間の人生は初めから決まっているとする因果律にしたがい、自由意志はできるだけ抑制してしまう。因果律を抑えて自由意志を押し出すのは、宗教、倫理、道徳などの限られた分野においてだけである。

特に商売に関しては、人間のいっさいの自由意志を引っ込め、因果律だけで闘うのである。因果律では、すべて原因も結果も決まっている。決まっていることにしたがうのだから絶対に損はしない。間違っても儲かるのである。

一例をあげるならば、人間には寿命がある。これは人間の自由意志ではいかんともしがたい事実である。だから、自分の寿命を数えながら商売をする人もいる。自分はあと何年しか生きられないから、残りの人生でどれだけ儲け、その金をどうやって使うのか、ということまで計算して生きている。

因果律にしたがいながら、実に厳しい生き方をしている、といえる。

勝つためには厳しさが必要であることは、何もプロ野球やバレーボールのトレーニングの例を、引き合いに持ち出すまでもないだろう。彼らの厳しさにくらべると、日本人の商売に対する考えは問題にならないほど甘い。大企業に天下りした役人が企業の厳しさについて行けずに落伍する例は枚挙にいとまがないが、厳しいといわれる私企業でもなお、外資系の企業にくらべると厳しさが不足している。

役人はヌルマ湯に入っているからなかなか外には出られない。出ればたちまち風邪を引いてダメになってしまう。

だから、ヌルマ湯の役所から天下りしてくる役人が落伍する程度では、お世辞にも「厳しい」などとは言えない。

こと商売に関しては、因果律だけで闘う彼らの厳しさを見習い、オール・オア・ナッシングに徹するべきである。

ジェット時代にも通用する〝78対22〟の宇宙法則

次に宇宙法則について話そう。

正方形を100とするとこれに内接する円と残りの面積の比率は約78対22であり、空気中の成分も窒素78に対して酸素その他が22であり、人間の体も水分が78でその他の物質が22の比率になっている。というのが〝78対22の宇宙法則〟のあらましである。

そして、**儲けの法則も78対22である、と私は常々説いている。**

この法則を応用して、金儲けをした人から、感謝の手紙が来たのである。

その人はマンションを建設しては分譲している会社の社長さんだが、その手紙の内容はかいつまんで言うと次のようなものだった。

「私はマンションの分譲業者ですが、マンションもお説の通り、78対22でした。私はマンションを設計するたびに、居住部分と、廊下とかロビー、玄関などの共有部分の面積の比率に悩まされてきたものです。共有面積を20パーセントにして居住部分を80パーセントにする80対20では、共有面積が狭すぎて売れません。そうかといって、比率を75対25にしたり、70対30にすると、共有部分が広すぎてガランとした感じになるのです。そんなとき藤田さんの説を思い出し、半信半疑で住居部分を78パーセント、共有部分を22パーセントにしてみました。ところが、驚いたことに、78対22にしてみると、何もかもが、うまく行くのです。このマンションは発売後数日で完売いたしました。おかげ様で当方はたいへん儲かりました。どうもありがとうございます」

という手紙である。

私はこの手紙を読んで、

「何を今さらいってるんですか。そんなことは何年も前からわかりきってることじゃありませんか」

とつぶやいたが、この宇宙法則に従い、何百万円か何千万円か儲けた人が現われたことを、心から喜んだものである。

もっとも、この社長さんは「ありがとう」と言ってはきたが、謝礼は1円も送ってはこなかった。さすがである。

それはともかくとして、これなどは〝78対22〟という宇宙法則が、ジェット時代の今日でも立派に通用するといういい例だろう。

『金持ちの間から流行するものと大衆の中から起こってくる流行では金持ちの間から流行してきたものの方が息が長い』

という私の持論に対しては、ある大学の先生が電話をかけてこられた。

「その通りだと思います。ボウリングね、あれなんか大衆の中から起こってきた流行だからアッという間にダメになったんです」

その先生は、電話口でしきりにそういって力んでおられた。読者とはありがたいものである。

ハンコの欄は少なくしろ

世の中はジェット時代に突入しているのに、**相も変わらず書類にはハンコの欄が多く、**書類がゆっくりとヒラから係長、係長から課長補佐、課長補佐から課長、課長から部長へと渡り歩いている企業はまだまだ多い。

これは明治維新以後設立された、日本の企業が、官庁の組織と運営の方法をマネた時代のなごりである。これでは、ジェット時代に取り残されるだけだ。

文明には官僚主導型と民間主導型があるが、日本の場合は明らかに官僚主導型である。そして、世界各国を眺めて見ると、官僚主導型の国は、例外なしに開発途上国である。日本も、体質的には開発途上国と五十歩百歩なのだ。

欧米の会社には、主な役職は社長《プレジデント》と副社長《バイス・プレジデント》のふたつしかない。あとは、アシスタントかセクレタリーである。したがって、書類が役付きのハンコを求めて社内をフワフワとただよっていることもない。

ジェット時代を勝ち抜くには、ハンコをへらして「即決」することだ。1週間決、月決、年決では問題にならない。

〝演出〟の差が勝敗を決める

日本人は喜怒哀楽を表に出さないせいか、演出がへたである。いうならば〝大根〟演出者ばかりである。

しかし、ジェット時代の商売は演出が重要な役割を持ってくる。品質の劣悪な商品は別として、今日ではブランド商品に優劣の差はなくなってきた。となると、あとはどんな演出で売るか、である。

演出がいいと売れるし、演出がまずければ売れない。本物プラス演出の時代だといえる。

たとえば、たいして高価ではないアクセサリーでも、きれいな箱に入れ、表に「愛する人へ、すべての愛をこめて」などという文句を書いて女の子にプレゼントすると、テキはコロッとなる。品物にコロッとなるのではなく、演出に酔ってしまうわけだ。

その比率は、品物を〝22〟とすれば演出が〝78〟。いずれにしても、演出にかかるウエイトのほうが品物自体よりは大きい。

企業にも、当然、演出は必要になってくる。美人の社員を雇って、受付にすわらせるのも演出である。その美人を使いつぶしたところで、ジェット時代にふさわしい利益が上がればかまわない、という企業がふえてくるだろう。

サラリーマンの場合でも、ブランド商品の品質が均一化してきたように、サラリーマンとしての能力に大きな差はなくなってきている。能力を発揮して認めてもらおうとするのは容易ではない。**とすればあとは、いかに自分を演出するかにかかっている。**

1分でも早く品物を届けろ＝高くついても目じゃない欲求心理

私の藤田商店では、ゴルフのクラブも輸入している。輸入価格は飛行機で運んだ場合は船に積んで持ってくる場合にくらべ、運賃が1セットについて5000円ばかり高くなる。

そこで、これまではもっぱら船で輸入していた。

もっとも、船の場合は飛行機より3ヵ月ほど遅くなる。

ところが、昨今のゴルファーは、船積みして運んでくるまでが待てないのだ。

「5000円高くてもいいから、飛行機で運んでくれ」という。少々高くなっても早く手に入れたいというのである。ジェット時代には、少しは高くなっても、1分でも早く客に品物を届けたほうが勝ちなのだ。

まさに時は金なりである。

現金が先だ

ゴルフは今やビジネスマンに必須なスポーツである。何しろ、飛行機で運んでくる割高なクラブが、羽田につくと2時間でさばけてしまうのだ。私はアメリカのプロフェッショナル・ゴルファーズ協会《アソシエーション》の公認クラブである『PGA』を扱っているが、1回に500組輸入しても代理店が300店以上あるから、1店に1組程度しか割当てられない。だから、品物は奪い合いになって、2時間できれいさっぱり売れてしまう。

それならば、もっと輸入をふやせばよいようなものだが、輸入する品がないのだからお手あげなのだ。

日本では、ここ数年のゴルフ・ブームで、ゴルファーの数はひところの3倍以上に急増した。ネコもシャクシもゴルフ、ゴルフの時代が来たのだ。

ところが、日本のゴルファーが3倍になったからといって、アメリカの製造元は製造を一挙に3倍にふやしたわけではない。作る本数は元のままである。これではクラブの絶対量が不足するのは当然だ。

いきおい、羽田について、2時間でさばけてしまう状態になる。

こうなると、

「品物を送れ。到着しだい現金で支払う」

などという客は、あとまわしになる。現金を先に払った人から順番に送らざるを得ない。これまで日本では『C・O・D』＝キャッシュ・オン・デリバリー＝の商法が常識だった。しかしこれからの商売は、『C・B・D』つまり、**キャッシュ・ビフォア・デリバリー＝『現金先払い』でやるべき**である。

現金を先にいただくわけだから、これほど確実な商売はない。儲けるコツは、できるだけ現金を早く手にしてしまうことだ。これなら、たとえ相手が倒産して行方不明になってもとりはぐれはない。

その意味では、キャッシュ・ビフォア・デリバリーこそ、儲かる商法中の商法といえよう。

商売はタイミングだ＝ブームのあとには必ず反動がくる

先般、私は箱根でPGAのゴルフ・クラブのディーラーを集めて、慰労会を兼ねてゴルフ大会をやった。そして、その席で私はブチまくったのだ。

「今や大変なゴルフ・ブームである。ゴルフ道具を扱うものにとっては千載一遇のチャンスが到来している。ところが、誰もこれが大きなチャンスであることを自覚していない。**ブームのあとには必ず反動が来る。**今が売るタイミングなのだ。私はこのゴルフ・ブームの寿命はあと3年、と読んでいる。ディーラーの皆さんは、この3年間でどれだけクラブを売りまくるかが勝負だ。ゴルフは今や勢いをつけて坂を駆け上っている状態にある。**これに便乗して坂を駆け上り、売って売って売りまくるべきである。長い歴史をたどってようやくたどりついたこの千載一遇のチャンスを逃しては、儲けは永久に遠ざかってしまう。**

コンペがすんだらただちに店に帰って、ＰＧＡのクラブを売って売って売りまくって、大いに儲けてほしい。いいですか、あしたから売りまくることです」

私の話を聞いて、コンペはやめにして今からすぐに帰ってクラブを売ろう、と申し出た人もいるが、売るチャンスは確実にとらえなければならない。

芝居も大切な演出効果だ

このコンペで、私はＰＧＡの日本担当のマネージャーのケン・デヴァイン氏とラウンドをしたが、彼は私の使っているクラブを見て、怒り出した。こともあろうに私がＰＧＡのクラブを使っていなかったからだ。

「ＰＧＡのコンペにＰＧＡ以外のクラブを、総元締のミスター・フジタが使用するとは何事か」というのである。

「ボクだってＰＧＡが使いたい。しかし、売れすぎて、ボクの分もない状況なのだ。もっと増産してもらわなくちゃ困るよ」

私がそう言うと、ＰＧＡのマネージャーは腕組みして考え込んでしまった。

「そんなにクラブが足りないのなら、本気で本社の尻を叩かなくっちゃならないなあ」

彼は深刻な顔でそう言いながらアメリカへ帰っていったのだが、これはせっかくの千載一遇のチャンスに、いっこうに増産しようとしないＰＧＡに対して、私が打った大芝居である。

私は、もちろん、自分が売っているＰＧＡのクラブを持っているが、しかし、彼の前ではわざと使わなかったのだ。

バーゲン・セールはするな＝商品に誇りをもて

ゴルフ・ブームを背景に、デパートではゴルフ・クラブのバーゲン・セールの花ざかりである。スポルディング、マグレガー、ベン・ホーガン……ｅｔｃ。いずれもバーゲンで叩き売りされている。

しかし、ＰＧＡのゴルフ・クラブだけは決してバーゲン・セールには顔を出さない。高級品で値段の高いこともあるが、いやしくも全米プロフェッショナルズ・ゴルファーズ協会認定のクラブであるから、万一、在庫があった場合も、私が放出しないからだ。在庫があっても、１本もありません、と私はバーゲンの業者へは売ろうとしない。

私のところを通さないＰＧＡのクラブが、もしも、バーゲンにかけられたら、私は現金の束を持って駆けつけて、値段に関係なく、全部買いとってしまう。

このため、ＰＧＡゴルフ・クラブは「幻のクラブ」と言われて珍重されているが、私は自分の売る商品に、それだけの誇りを持っているのだ。

日本には、悲しいことに、誇りを持たない商人が多すぎる。誇りを持たずにバーゲン・セールなどをやるから、なお儲からないのだ。

売って売って売りまくることも大切だが、その前に、自分の売る商品には命を賭けるぐらいの真剣さが必要だ。金を払う客は、金を手放すだけに真剣な態度で買いに来る。売るほうも、真剣でなくてはならない。

人より2ミリ先へ出ろ

成功するかどうかの差は、ほんのちょっとである。そのわずかの差が出るか出ないかで、成功するかしないかが決まる。

ジェット時代、あるいはその先に待ち構えているロケット時代には、このわずかの差が大きな意味を持ってくる。月ロケットが発射するときに、ちょっとでもブレると月に到達できないのと同様に、ちょっとした差で結果は大きく違ってくる。

「下にイ、下に」の時代は、あとから追いつくのは実に簡単だった。馬に乗って追えばよかった。ところが、1分前に飛び立ったジェット機に追いつく方法はない。ジェット時代は、人よりも一歩先にスタートを切ることが大切である。

40分遅刻するなら会社へ来るな

つまり、「10メートルは10キロメートル」という商売の法則は、ジェット時代には〃時間〃についてもそのまま当てはめて考えることができる。

朝のうちがとくに忙しく、午後からヒマになる会社では、朝の多忙な時間の5分間は午後のヒマな時間の1時間に相当する。5分間が1時間に相当すれば、朝の15分はヒマな時間の3時間にあたる。

もしも、この会社のサラリーマンが、15分遅刻すると、この会社は1人の社員が3時間休んだほどの損失を受ける。

だから、15分間遅刻したから15分だけのペナルティですましてもらえばいいではないか、という考え方は成り立たない。ペナルティを科すならば、3時間分のペナルティを科して当然である。

こうした会社で40分遅刻をしたら、その社員は、社員失格である。8時間相当分休んだのと同じだから、会社側にすれば出社してもらわない方がいい。

商売の場合でも同じである。朝の15分も午後の15分も、15分に変わりはない、と考えているようでは、とてもじゃないが儲からない。

人の体には2ミリのトゲが入っても痛い。肝心なのは人より2ミリ先へ出ることだ。これだけで驚くほど儲かる。

ドアは閉めてはいけない

人間、多忙になると、とかく気が立ってくるものである。面白いことに、商売に関してはフィフティ・フィフティが好きで、毅然とした態度を取らない日本人であるが、どういうわけか、人間に対しては好き嫌いの感情を露骨に現わす。

「あいつは気にくわん。あれはカスだ!」

驚くほどきっぱりと白黒をつける。話がこじれたりすると、手にした湯呑み茶碗を、バーンと床に叩きつけて帰り、あんな野郎とは金輪際《こんりんざい》口をきかないぞ、と息まくことも珍しくない。

私は世界の友人たちからさまざまなアドバイスを受けてきたが、日本人のこうした感情をむき出しにする点についても、

「ドアは閉めちゃいけないぜ、デン」

と忠告された。

「我々はドアの中へ片足を入れて、決してぴったりとドアを閉めさせない。人間だから明日、気が変わらないとも限らない。そういうときのためにね」

彼はこういって片目をつぶってみせた。

商売の上で、このことは大切なことである。茶碗を割り、ドアを閉めてしまっては、二度とその相手とは取引はできなくなる。しかし、ほんの少しのスキ間をあけておけば、そこから取引が復活することもありうるのだ。そして、そのために膨大な利益にありつくこともある。

「あの男はカスだ」

と決めつけた、そのカスな男が、意外なときに意外な力を発揮することは、よくあることだ。

いかにジェット時代で忙しくとも、商売に感情を持ち込むことは、厳にいましめなければならない。冷静に状況を見きわめてこそ、正しい判断が下せるのである。ゴルフでも野球でもプロを見ればこのことはよくわかる。プロは感情的になることはあっても、すぐに冷静さを取り戻してプレーを続ける。

感情に走って儲けをフイにするような人は、商人になる資格も、富を手にする資格もない。商人はあくまで〝儲けのプロ〟であるべきだ。

常に危機意識をもて＝これが先手必勝のコツだ

日本人を見ていると、じつに天下太平である。ベトナムで戦争が起ころうと、ドルの切り下げがあろうと春風タイトウとしている。

ところが、欧米人とつき合ってみるとよくわかるが、彼らの考え方の基本には常に『危機意識』がある。長い間征服し、征服されてきた歴史が、彼らの心に、いつ殺されるかもしれない、という危機意識を植えつけたのである。だから、彼らはいつでも非常用のハシゴを用意している。逃げ道を考えている。会社にしても、永久に続く企業はありえない。いつかはつぶれる、というふうに見る。

これに対して、日本人は危機意識がないから、２階へ上げられてハシゴを取りはずされたら万事休すである。まるで融通がきかない。ハシゴを取られたとき、彼らはすぐに非常用ハシゴを取り出すが、日本人はその用意がないからもたついてしまう。そこに差が出てくる。

危機意識がないといい知恵はでてこないものである。窮すれば通ず、という言葉があるが、まさにその通りである。いい発想の基本は危機意識であるといえる。

天下太平に見えるが、日本は資源の乏しい島国であるから、国民が働かないと食えない国なのだ。外国から資源を輸入して生活しているのを忘れてはならないし、外国は日本の思うように金だけ輸出してくると思っているのはとんでもない思い上がりだ。

世界情勢は仏教徒には想像もつかない複雑さと危険性を孕《はら》んでいる。

その現実に目を向け、危機意識を持つようになれば、日本人にも、もっといい知恵が出てくるはずだ。危機意識を持つことはとりもなおさず、一手先を読むことにもつながるのである。

第3章

ジェット思考の時代が来た

情報の流れをキャッチせよ

東京を振り出しに、全国ハンバーガー網の樹立をめざし、私は大阪から名古屋へとマクドナルドの店を新設していった。

名古屋の1号店は、大相撲の金山体育館で知られる金山に出した。金山は、栄や今池などと違って、名古屋の中心的な繁華街ではない。

「どうして、あんなところへ出すのか」

私が金山へ店を出すと知って、友人たちは心配した。名古屋はただでさえ〝名古屋モンローイズム〟で知られているところである。ヨソ者が商売しても絶対に成功しないというジンクスがある。しかも、出す場所が名古屋の中心からはずれた金山である。

ついに、ニュートン以来の天才と称するデンさんも失敗か、と皆思ったそうである。

私には成算があった。金山で人の流れを測定し、通行人のスピードと数を調査した結果、絶対成功するという科学的データをつかんだ。だからこそ、ここに店を開くことにしたのだ。

しかし、開店直前になって、予期せぬトラブルに見舞われた。マクドナルドのハンバーガー店ならどの店に行っていただいてもわかるが、店頭に掲示したメニューにはその品のカラー写真が一緒に掲示されている。ところが、開店の前日に金山に出かけてみると、施設部の手違いで、メニューにこのカラー写真が欠けているのだ。設計図にはちゃんとあるのだが、店頭に掲示してあるメニューにはない。

私は怒った。

「名古屋のようにこれまでハンバーガーを食べたことがない地域に初見参するのに、うまそうなハンバーガーのカラー写真を欠いたメニューでは商売にならん。徹夜してでもちゃんとしたものを作れ」

そう命じたのだが、責任者は、

「徹夜をしてもとうてい無理で、精一杯急いでも1週間はかかる」

という。成功するという科学的データに裏打ちされた自信はあったが、これを聞いて私は内心いささか不安になった。

たまたま、その場に開店準備にアメリカから来ていたデザイナーが居合わせた。彼は、はじめ、私が何を怒っているのかわからなかったようだが、事情がわかると私に言った。

「ボス。そう怒ることはない。ハンバーガーの写真はなくても行けるんじゃないか。名古屋の人は食べたことはなくてもハンバーガーを知っている。マクドナルドを知っている。ここはそんなに遅れちゃいない」

私は楽天家のアメリカ人の言うことなどあてになるものか、と不安を全面的に解消できないまま翌日の開店にのぞんだ。

ところが、なんと、初日から客が殺到してきたのだ。アメリカ人のデザイナーが言った通り、**メニューのカラー写真はなくても、売れに売れたのだ。**

しかも、それが初日だけ売れたのではない。来る日も来る日も好調で、大阪の店の売上げをはるかにオーバーしてしまったのだ。

大阪より名古屋を狙え

これは私の予想だにしなかったことである。正直なところ、私は成功するだろうが、売れたところで大阪よりいく分下まわるだろう、と思っていた。というのも、私は東京→大阪→名古屋の順に情報が伝わるものと考え、**マーケットとしては大阪のほうが名古屋より上だと考えていたからだ。**

しかし、ハンバーガーが大阪より名古屋でよく売れる、という現実に出くわして、私はこの考え方が間違っていたのを思い知らされた。かつては、情報は東京↓大阪↓名古屋という順に伝えられたが、現在は東京↓名古屋↓大阪の順に情報が伝えられるようになったのである。**私の気がつかないうちに、情報の流れがかわっていたのだ。**

そこに気がつくと、私は急遽方針を変更して、名古屋総攻撃の指令を下したのである。**情報の流れは常に生きている。**これぐらいのことは常識だと考えて確認をおこたると、とんでもない落し穴におちこんでしまう。

高速道路を再評価せよ

この情報の流れを変えた主役は、東名高速道路とカラーテレビである。

東名高速道路は情報が大阪より一足先に名古屋へ伝わるように、物理的に名古屋を東京へ近づけた。これによって、名古屋の人は知らず知らずのうちに大阪の人間より東京へ近づいたのだ。

一方、カラーテレビは10年前とすっかり宣伝方法をかえてしまった。つまり、情報を大阪も名古屋も同時に受けられるようにしてしまったのである。

とくに東名高速道路は、東京から新聞雑誌を、文句なく大阪より早く名古屋へ届ける役割をはたしている。**ハンバーガーに関する情報も大阪より先に名古屋の方へ浸透していたのだ。**

名古屋は新幹線の出現によっても、大阪よりも、東京により近くなってはいる。しかし、新幹線は、発車時間が決まっているし、不意に思いたったところで夜中に利用するわけにはいかない。高速道路の場合は、24時間走れるから、いつ出発するのも自由である。終列車以後にでき上がった商品をそのまま送り届けることもできるのだ。

このように高速道路には、新幹線などの鉄道にはない自由性がある。その高速道路の持つ「自由性」が、情報の流れをどれだけスムーズにしたか、はかり知れない。

今後、次々に日本列島に高速道路が完成していくが、こうした高速道路の自由性を認識すれば、高速道路の完成後にその地方で成功する商売を今から予測し、準備にかかることも、十分に可能である。

もはや、今日では、「名古屋は偉大なる田舎である」とか「封建的で遅れている」とか「中世的で商売がむずかしい」などという名古屋へ対する冷やかし的な定義は、死語と化したといわなければならない。

それもこれも東名高速道路のもたらした情報の流れの変化によるものにほかならない。

ハンバーガーに関する限りでは、当初は、名古屋モンローイズムを開拓しなければならないという悲愴感もなきにしもあらずだったが、蓋《ふた》をあけてみたら、開拓どころか金脈だったわけである。

テレビを攻略すべし

マクドナルドでは昭和48（1973）年3月から、テレビでコマーシャルを開始した。白黒テレビとカラーテレビでは、コマーシャルの効果がまるで違う。第一、画面から受ける迫力が違うし、説得力はケタはずれに異なる。これを商売に活用しないという手はない。

アメリカでは、フランチャイズをそれぞれの州にたくさん作って、マクドナルド、マクドナルドと宣伝をさせている。

なにしろ、テキサス州からカリフォルニア州へ行くにしても汽車なら数日、飛行機でも何時間とかかるほど広大な国だから、フランチャイズを作って宣伝しないと親しみをもって受け入れてはもらえない。

その点、日本は違う。

まず、国土からしてカリフォルニア州かモンタナ州一州ぐらいの大きさしかない。こんな国では、何もわざわざ、金沢と北九州へフランチャイズを作って宣伝する必要はない。全国ネットのカラーテレビで一発ドカンとコマーシャルを流せば、パッと全国をカバーして国民の90何パーセントの人々に情報が伝わるのだ。

つまり、金さえ払えば、あっという間に全国に情報を流して商売ができる。**人間が動くのも速くなったが、情報の伝わり方もそれだけ速くなったのだ。**

これからはカラーテレビを宣伝に使えないような企業は存在できなくなる、と極論してもいいだろう。そして、カラーテレビを宣伝に使えない企業が生き残り、伸びようとすれば、カラーテレビを使える企業の傘下に入るしかないだろう。

テレビのCMは空襲だ

戦争にたとえるなら、カラーテレビのコマーシャルは空襲と同じである。従来の宣伝は、いわば歩兵の突撃である。

歩兵の突撃と空襲では、攻撃効果が大違いである。

歩兵の突撃の前に空襲をかけたらどうなるか。

空襲をかけて敵をこっぱ微塵にして上陸したらどうか。

言うまでもない。勝ちである。
全国ネットのカラーテレビのコマーシャルは、日本全土への空襲である。その空襲が非常に効いて、マクドナルドは至るところで無血敵前上陸を成功させているのだ。

視聴率は時間に関係ない

テレビ会社は、各局とも申し合わせたように、午後7時から8時までを「Aタイム」、8時、9時台を「特Aタイム」というふうに、料金を高くしているが、私はこれが不思議でならない。

いかに、「午後8時台は特Aタイムでございます」と言われても、視聴者は同時に全チャンネルを見るわけにはいかない。ひとつの局を見ているときは、残りの局はいくら「特Aタイム」であっても、その家庭での視聴率はゼロで、逆立ちをしてコマーシャル・フィルムを流しても、効果はない。

夜の8時、9時台が「特Aタイム」で高料金であるのに対し、午後のヨロメキドラマで非常に視聴率が高いにもかかわらず料金の安いものがある。

ヨロメキであろうと特Aであろうと、視聴率の高いものは、主婦なら主婦といったある層に見られていることを示すから、広告効果は同じである。ところが、日本人は午後8時、9時台がいい、と頭から思いこんでいるのだ。

テレビの視聴率を示す場合、視聴率が20パーセントだと「20ＧＲＰ」と言う。テレビのコマーシャルでは1週間の視聴率合計が２５０ＧＲＰになるものがもっとも効果的だというデータがアメリカで出ている。

そこで、私はテレビ会社に対して、視聴率の週間合計が２５０ＧＲＰになるものを買いたい、と注文して、午後8時、9時台にはこだわらず、1週間の視聴率で電波を買っている。

現在は、まだ、こうした買い方をしている企業は少ないが、私はこれがテレビ電波の新しい買い方だと思っている。

テレビ会社の方もそれがもっとも効果的な買い方だと知っているはずだが、こうした買い方をする私に渋い顔をしている。

テレビの広告は新聞のように残るものではなく、すぐに消えてしまう電波であるから、効果の測定や、値段のつけ方のはっきりした基準はないといってもいい。

しかし、ある番組を見ているときは同時に裏番組を見ることができないことだけは確かである。

マタドナルド！作戦

マクドナルドのテレビのコマーシャル・フィルムは、『グレイ・大広』という、アメリカの広告会社『グレイ』と日本の広告会社『大広』の合弁会社で作っている。わたしはそこに1200万円でコマーシャル・フィルムを発注した。ところが、でき上がったものを見て、**私は怒った。マクドナルドのハンバーガーの長所が、まるで描かれていないのだ。**

「ダメだ、こんなフィルムは。すぐに作りかえろ！」

私は、フィルムを作った連中を怒鳴りつけた。

「しかし、作りかえると、また1200万円かかりますよ」

相手はそう言う。

「かまわん。すばらしいものができたら、さらに1200万円出そう。しかし、今度もくだらないものを作ったら、金は払わないし、またドナるぞ！」

私は持ち前の大声で一喝した。

「おたくの社長、ありゃあマクドナルドじゃなくて、マタドナルドですな」

フィルムの制作者たちは私の部下にそうボヤいたそうだが、**次に作りあげたものは、誰**

が見ても傑作だった。

「それ見ろ、ちゃんと素晴らしいものができるじゃないか。こいつをなぜ、最初から作らなかったんだ！」

私は、ほめながらも、もう一度、怒鳴りつけた。

請け負ったＣＭフィルムの制作会社は、自慢作をけとばされたのは初めてだ、というので、社運を賭けて作りなおしたのだという。

カラーテレビのコマーシャル・フィルムは、企業にとっては最大の攻撃兵器である。**1 2000万、余分な出費になろうが、2000万かかろうが、絶対にヘンなもので妥協すべきではないと考える。**

私が1200万円を捨てたのにはそれなりの理由がある。

コマーシャル・フィルムは1200万円だが、これを放映する電波料は何億円という巨額なものである。ブザマなものを放映すれば、何億円というこの電波料がまったくのムダになってしまうのだ。

電波料の前には1200万円のフィルム代など、何パーセントかの小さなものでしかない。

コマーシャル・フィルムはいわば広告の〝タネ〟である。悪いタネは改良してまかなければ大変なことになる。

テレビ・コマーシャルを始めた理由

私は、マクドナルドの1号店を銀座三越に出したのをはじめ、当初は次々にデパートの軒先を借りて出した。

デパートには、ご承知のように、人を集める力がある。私はこれを利用したのである。しかし、ここまでマクドナルドのハンバーガーが有名になってくると、マクドナルド自体に人を集める力がついた。現在では、デパートの人を集める力とマクドナルドの人を集める力が相乗効果を発揮して、マクドナルドに軒先を貸しているデパートは、いずれも大繁盛である。

マクドナルドは、デパートとの共存共栄路線を取り続けるつもりである。しかし、デパートのない地域の人々にも、ハンバーガーを提供しなければならなくなってきつつある。時代がハンバーガーを要求し、社会が要求するからだ。

その要求にしたがって開業3年目に入ると、デパート以外にも進出を開始した。こうした店には、デパートに相当する強力な援軍を送る必要がある。そこで、私はカラーテレビのコマーシャルを開始したのだ。その効果は、何度ものべるように、上々である。

多国籍企業は国家をも振りまわす

マクドナルドもそうだが、超国家企業とも言われる多国籍企業はひとつの国家よりも巨大で迅速な情報網を全世界に張りめぐらし、場合によっては国家をも振りまわしかねない力を持っている。

ある超国家企業は、日本で何をやっているか、アメリカで何をやっているか、ドイツで何をやっているか、フランスで何をやっているかが把握できるのは、その企業の本社だけである。フランスの国家はその企業が自国で何をやっているかはわかっても、アメリカやドイツで何をやっているかは知らないのが現状である。ところが、アメリカでもフランスでも超国家企業には国境がないから、すべての情報はテレックスで筒抜けになり、そのスピードは在外公館がもたもたと情報を集めるより何倍も速い。

たとえば、超国家企業がユーロを「買え」と指令を出すと、ドッと「買い」が集中し、「売れ」の指令が出た場合はユーロが「売り」あびせられるのだ。国家は超国家企業の「売り」や「買い」にオタオタとしながら振りまわされているのが現実である。

面白いことに、この超国家企業は、どの国へ上陸しても、最初の国で発展したパターンと同じパターンをとって発展していくのだ。従来は、アメリカで発展した企業は日本ではダメだとか、日本の企業はアメリカへ進出してもダメだといわれたものである。国情の違うところで、同じように発展するわけはない、とされていた。

ところが、超国家企業に関しては、こうしたかつての公式はまったく当てはまらないのだ。どこの国でも同じように発展する。

今や、超国家企業は国家を度外視したひとつの経済単位になりつつある。

ところが、今日、超国家企業が、なぜ、同じパターンをたどって、どこの国でも発展するかという理論づけは、いまだに経済学者によってなされていない。学者の研究のスピードが現実の経済発展のスピードについていけなくなっているのだ。

好条件なら自分自身を売り惜しむな

商売がら、ときおり、日本へ進出してくるアメリカ人などから、日本人の有能な社員の紹介を依頼されることが多い。この場合の必要不可欠の条件は、英語ができる、ということである。英語ができる有能な人物、といえば、まず、一流の会社か銀行に目をつけるほかはない。現在、日本では一流の会社や銀行に人材が片寄りすぎているから、そうしたところを探せば、ムダメシを食っている、もったいない人材はいくらでも発見できる。

もちろん、**報酬は日本の大企業などより3倍は高い。**ただし、どんなに優秀な人間でも、社長や副社長になれる見込みはゼロなのだ。

私は、これはという人物を探しあてると、こういった諸条件を提示して、

「決して悪くはないと思うのだが、やってみないかね」

とすすめる。ところが、不思議なことに、「絶対に社長や副社長にだけはなれない」と聞くと、100人が100人、首を振ってイヤだと言うのだ。

つまり、日本人という人種は、どんな日の当たらない場所で飼い殺しにされていても、いつかは社長や副社長になれるかもしれない、という淡い期待を抱き続けているものらしい。

「今のところにいたって、あんたは社長にも副社長にも絶対なれない。どんな奇跡が起こったって、あんたにお鉢がまわってくるわけはない。だったら、さっさと自分を3倍高く売りつけた方が得じゃないか」

いくら口をすっぱくしてこういっても、頑としてウンとは言わないのだ。そばから見ると、はっきり先が見えているのに、本人の眼鏡は曇りっ放しだから話にならない。

立派な教育を受けた人材がつまらないところに片よってウジャウジャしているのを見ると、私はつくづくと国家の損失だと思わざるを得ない。

高く売れそうなら、喜んで自分自身を売りとばすようになれば、日本も、もっと豊かな国になるのだが。

10万円は10年後に1000万にしろ＝銀行預金で金はふえない

金儲けに関心のある人が必ず目を通すのが新聞の銀行の広告や貸付信託の広告である。

「貸付信託は年7分2厘の利子がつきます」

「2年定期の利息は6分7厘5毛、10年で元金が倍になります」

などという文句が並んでいると、つい貸付信託や定期預金で金をふやそうかという気になるが、貸付信託や定期預金の利息で儲かると思ったら錯覚もいいとこだ。

銀行は自分が金が欲しいから、10年たつと倍になる、といって金をかき集めているのであって、あれを信じるようでは儲けはおぼつかない。あれは預金者が墓場へ行ってから、放っておいてもああなる、というサンプルであって、生きている人間は、もっと有効に金を転がして儲けるべきである。

最初の1年に10万円ためる。次の1年にもう10万円ためて20万円ができると、これを元手に金儲けをするアイデアが浮かんでくるものだ。

そして、3年目は、これにもう10万円足して30万円にするのではなく、一気に100万円にする。これが金儲けというものだ。さらに10年後にはこの金が1000万円にも2000万円にもなり、20年後には1億円にもなる。

嘘ではない。10万円が10年後には1000万円になり、20年後には1億円になるのだ。ところが銀行の宣伝を真に受けて寝かせておくと、10万円は10年後には20万円にしかならない。差し引き980万円の損なのである。

というのも、人間は1年経てば、つき合う範囲も広くなり、知っている人も多くなる。交際範囲が広がると、それらの人からのアドバイスなどもあって、金儲けのさまざまなアイデアが出てくるものなのだ。

30万円が100万円になったころには、「どうです、あんた、これやりませんか」などという儲かる話が持ち込まれるようになる。

それが200万円になり、500万円になり、2000万円になるにつれて、守備範囲も当然広がってくる。儲かるチャンスもそれだけ多くなる。

最初のタネ銭を加速度的にふやしていく方法は、心配しなくても、必ずあるものだ。

まずタネ銭を作れ

それにしても大切なのは、まず、タネ銭を作ることである。

タネ銭だけは食うものも食わずに作らなければならない。タネ銭が1000万円なら1000万円たまると、意外に別の知恵が涌いてくるものだ。

水力発電を起こすには、まず、ダムを作り、ここに水を貯えなければならない。それと同じように、最初にタネ銭がなければ金儲けはできない。

金というものは、思っているより早くたまるものである。ため始めると早い。

シトシト雨が降っても、その雨が大地に吸い込まれる限り、ただの雨である。大したことはない。ところがその雨がいったんダムに貯えられると、巨大なエネルギーに変身する。

タネ銭も貯えるまでは頼りない。だから、つい、

「1000万円ためるなんて夢みたい。10年かかって1000万円ためるぐらいなら、今、酒飲んでソープにでも遊びに行った方がいい」

などと言って、貴重なタネ銭を使い果たし、いっこうにタネ銭をためようとしないのがいわゆる金儲けのへたな人のやっていることである。これではダメだ。

なんとなく始めた500円玉貯金。
ちゃりーん
一日の終わりにサイフの中に500円玉があればとにかく入れるルール!!
500円
500
500
一年後ー
××銀行
こちらになります
30万円!?
けっこうたまるもんなんだ!!
えーそっマジでか〜
500
五年後ー.
300万円!!
ためぐせがついちゃった〜
××BANK
で、いつのまたか
あの時はじめてよかった〜
ほく…
ほく…
500
500

金儲けがしたいなら、まず、タネ銭をためることだ。

タマゴを見たらニワトリを想像せよ

何も知らない人間に、タマゴとニワトリを見せて、タマゴがニワトリになる、と説明したら、絶対に信じないだろう。それどころか、

「オレが何も知らないと思って、バカにするのもいいかげんにしろ」

と、いきなりポカリとやられるかもしれない。

しかし、文明人は、タマゴがニワトリになる、と説明されても決して怒りはしない。タマゴがかえればヒヨコからニワトリになることを知っているからだ。

100万円が1億円になる、というのも同じことだ。養鶏業者がタマゴを見るとニワトリを想像するように、金儲けのうまい人は100万円を見ると1億円を想像する。つまり、100万円はタマゴで。1億円はニワトリなのだ。

タマゴがニワトリになるのを待ちきれずに、片っ端からタマゴを食べていたら、いつまでたってもニワトリは生まれてこない。

タマゴとニワトリは異質なものである。同様に100万円と1億円では同じ金ではある

が異質なものなのだ。タマゴがニワトリになるように、100万円は1億円になるのだ。タマゴがニワトリになるのは事実だが、100万円が1億円になるのは事実ではない、と考えるようでは金儲けの才能はない。100万円が1億円になるのを知らないからそう言うのであって、100万円を1億円にすることを知っている人は、100万円を孵《ふ》化させて、1億円にするのである。

タマゴを見たらニワトリを想像せよ。100万円を見たら1億円を考えるのが、いわば金儲けの基本姿勢である。

金はにらんでいてもふえない

私は今でもワイフによく冷やかされるのだが、23、4歳のころは、毎日のように貯金通帳をにらんでは、

「とにかく、100万円ためたい。ためてみたい」

と、口癖のように言っていたそうである。

「貯金通帳をいくら眺めていても、お金がふえるわけないでしょ」

と、ワイフは言う。まことに、その通りだが、100万円ためたい、ためたい、と思っ

ていると、つい、貯金通帳をとり出して眺めるものだ。朝出して眺め、昼出して眺め、寝る前に眺める。貯金通帳はたちまち手垢で真っ黒になるが、それでも肩に力を入れてにらみつける。毎日の残高なんか、暗記してしまっている。それでもみる。

ところが、**100万円ためると、私はプッツリと貯金通帳を見なくなった。その代わり、この100万円を動かす方向を見るようになったのだ。**

人間はタネ銭をためるまでは、一生懸命金ばかり見ているが、タネ銭ができると、今度はタネ銭を動かすことに注意するようになるものだ、ということを、私は体験を通して知った。

人間が金を見なくなり、動かす方向に注意を向けるようになればシメたものである。儲けは向こうから転がってくる。これなどは、金の欲しい人が知らない、金儲けの秘密といえよう。

ジェット商法で儲けろ

昔は水力発電に多くの水を必要としたが、最近はごくわずかな水量でも大きな電気を起こすことができるようになった。それだけ科学が進歩してきたのである。

ビルディングにしても、昔は大きな柱を使用して、しかも、せいぜい5階建てぐらいの建物を建てるのが精一杯だった。ところが今日ではそれよりも細い柱で何十階建てという超高層ビルができるようになった。これも、科学が進歩したためである。

それと同じように、昔は1000万円ないとできなかったことも、いまや、500万円でも、やり方によれば100万円でもできるようになったといえる。不足の分はローンなどを活用するという新しい方法も開発されている。

しかも、世の中のスピードがついてきているから、最小の資金で何百億円の財産を作るチャンスが、あしたあなたに訪れてこないとも限らない。松下幸之助氏はあそこまで行くのに何十年もかかったが、この本を読んだ人は、2年で松下幸之助氏を追い越すかもしれない。

世の中のスピードがかわった、といって驚くことはない。情報の流れがかわった、といって嘆くこともない。金儲けも、そのスピード、その流れに合わせてしまえば、あっという間に達成できるのだ。

新時代のジェット商法を身につければ勝ちだ。

第4章

資本主義の世の中で勝つ頭の回転

“速い”インフレと“遅い”インフレ

物価高だ、インフレーションだとジャーナリズムはにぎやかだが、インフレーションに驚いていたり、おびえていては商売にはならない。実体を見抜いて対策を立ててしまえば、インフレーションを逆手にとって儲けることだってできる。

資本主義は本来スローインフレーションであるといえる。

物価は徐々に上がり、下がることはない。ただ、各国それぞれに資本主義の発達状態が違うから、世界的にインフレーションが進行中、といわれているときでも、国によってインフレ進行のスピードが違う。

つまり、インフレには速いインフレと遅いインフレがある。文明国ほどインフレーションのスピードは遅く、発展途上国ほど進行速度が速い。

しかも日本は、インフレーションのスピードの速い国から原料を輸入している。そのため、日本へはね返ってくるスピードも速い。特に原料を輸入している場合は、外国のインフレーションを防ぎきることはまず無理だ。

外国のインフレのスピードがあたかもコピーしたように、そのまま日本へ入ってくる。このように日本はインフレーションを自分でコントロールできないという弱点を持っている。

とくに、日本のインフレーションのスピードは速い。これは、日本のインフレーションが増幅されたものだからである。

日本には文明国共通のインフレーションがある。そこへ輸入先の国のインフレーションが加わって、ただでさえ速いインフレーションが増幅されて、ますます速くなるのだ。80円で売り出したハンバーガーが120円になったのも、日本の速いインフレのせいであり、政治家が無能だからである。

そこへ行くとアメリカは違う。原料は国産であり、地下資源も自分のところでまかなえる。労働資源だってある。インフレーションを国内的に解決できる力がある。

ひとくちにインフレーションといっても、日本とアメリカのインフレにはこれだけの相違がある。それがわかれば、インフレを逆手にとって儲けるのもむずかしいことではない。日本国内でインフレーションが進めば進むほど、スローインフレの国のものを持ってくれば、絶対に売れるし、確実に儲かる。

儲かるのは輸入だけ

わが国開闢《かいびゃく》以来、輸出で大きくなった貿易屋はいない。

日本では「貿易屋」というと輸出屋のことで、輸入屋は貿易屋と呼ばない。つまり、「輸出」ということばには額に汗して苦労をしているというイメージが強いが、「輸入」というと怪しげなことをやって儲けているように思いがちなのだ。

しかし、元来、輸出は儲からない。三井でも三菱でも、大きくなった商社はみんな輸入屋である。

これまでも輸入は儲かったが、これからも儲かるのは輸入である。

ケネディが「ケネディ・ラウンド」を作って5年以内に関税をゼロにするように働きかけ、昔にくらべると関税は非常に下がってきた。あと2年もすれば、関税はゼロになる。

しかも、これに加えて円切り上げで仕入れが何割か安くなるのだから、私にいわせるなら輸入をやらない人はバカじゃないかと思いたくなる。

輸入は輸入ユーザー・システムだから、代金の決済は横浜に品物がついてから120日後でいい。その間に、円の切り上げなどがあれば、その分だけ丸儲けである。

輸出には、ナニワ節的悲愴感がつきまとう。「お国のために」という感じが強い。

お国のためだから輸出しなくちゃ。お国のためにそこらの石までも輸出しなくては……。そんな感じである。

どう力《りき》んでみても儲からないものは儲からない。

が、しかし誤解のないようにしていただきたいのは、儲からなくてもやらなくてはならない時があるということだ。

外国の〝文化〟を輸入すれば儲かる

輸入が儲かるからといって、外国の商品ばかり持ってくることを考えていたのでは、その場限りの商売になる。輸入した、売った、それで終わりである。これではダメだ。

長い目で見た場合は、商品を輸入することより外国の〝文化〟を輸入することを考えたほうが儲かる。商品を輸入して売れば、儲けは1回限りだ。

ところが、文化を輸入すれば、その文化が日本へ根をおろしたとき、儲けは無限に広がって行く。

たとえば、毎度ハンバーガーを持ち出して恐縮だが、マクドナルドのハンバーガーはアメリカ文化である。パンと肉、というこれまでの日本にはなかった文化を私は輸入した。

そして、これは1回だけの商売だけではなく、ハンバーガーを常食とする若者の増加で、儲けは無限に広がりつつある。

パンと肉でできたハンバーガーという文化の〝タネ〟を外国から持って来てまいたことで、私は輸入商として成功した、と思っている。

日本へ持って来てしまえばこっちのものだ

マクドナルドのハンバーガーに対する風当たりは決して弱くはない。

「マクドナルドは外資だ」

というのが、マクドナルドを目の敵《かたき》にする人たちの言い分である。

なるほど『日本マクドナルド』も50パーセントのアメリカ資本が入っている。

しかし、私に言わせるなら、外資だろうが何だろうが、日本へ持ってくればこっちのものである。

その恩恵にあずかるのは日本人だからである。

日本は、尊皇攘夷の昔から、「外国人」というと、警戒心をムキ出しにして、色眼鏡で見る悪いクセがある。

狭い量見というか島国根性というか、どうもこのクセだけはほめられたものではない。

「外資」だからといってすべての日本円を持っていくわけではないのだから、遠慮せずに外資を堂々と日本へ引っ張り込んで、それで大きく儲けるべきだというのが私の考えである。

他人のフンドシで勝っても恥じることはない。勝ちは勝ちだ。

"天然資源"が狙い目だ

ひとくちに「文化を輸入しなさい」といっても、これは輸入のエキスパートでなければこなせないむずかしい注文だろう。

そのほかに、品物として輸入して儲かるのは、天然資源を原料とするものである。たとえば、ヘビ、ワニ、トカゲの皮などがそうだ。タラコ、カズノコといった海産物もそのひとつである。とくに皮製品は日本では値上がりする。

これは、アメリカにくらべて日本では皮の産出量がきわめて少ないからである。牛の数自体がアメリカの何十分の一なのに対して需要はアメリカとさしてかわらないだけある。

つまり、皮製品はアメリカではスローインフレ、日本では急速インフレの代表的商品である。

そのいい例が革靴である。5、6年前までは紳士物の国産の革靴は3000から4000円だった。それが今では8000円から1万円もしている。外国では5年前も現在も、4000円程度と、ほとんど値上がりしていない。日本では、日本のインフレーションに合わせた値段で売られているのだ。

行動力のある若い諸君などは、5年ばかり外国へ行ってカネを作っておき、帰国してから天然資源を原料としたものを輸入すれば、輸入屋として立派に成功し、金持ちになれるのではないだろうか。

〝天然資源〟という私のヒントから、何をとるかは、あなたのアタマ次第である。

ダイヤモンドは永遠不変だ＝インフレ時代の蓄財

インフレーションへの挑戦は企業にまかせるとして、個人の場合は、当然、インフレから財産を守ろうと考える。そして、そのために、土地を買ったり、株を買ったり、あるいは宝石を買ったりして財産の安全をはかる。

中でも私がすすめたいのは、宝石、それもダイヤモンドを買うことである。

土地を買えば、土地保有税、固定資産税、土地譲渡所得税などの税金責めにあう。おまけに登録しなければならないから、買った土地をちょいと懐《ふところ》へ入れてアメリカへ行って売ってこよう、というわけにはいかない。売った場合も、まず税務署から逃れられない。

株も悪くはないが、往々にして一夜明けるとただの紙片になるという危険性がある。

金のノベ棒はいざというとき、重くて大量に持ち運びはできない。

そこへいくと、ダイヤモンドは持ち運びが簡単で国際的に通用するから、世界中どこへでも持って行って売ることができる。堅いからキズがつかない。小さいからどこへでもしまいこめて何かと便利がいい。

私が「宝石はダイヤモンド」というのはそれなりの理由がある。

真珠はアメリカでは絶対の人気があるが、日本での人気は下り坂だ。ヒスイは東洋人、つまり、中国人や韓国人、日本人には重宝されるがアメリカ人は見向きもしない。だから宝石といっても〝世界に通用する通貨〟とはいいがたい。

エメラルドは欧米でも日本でも同じくらい人気があるが、最大の欠点は割れやすいということである。アメリカの女性はパーティに行くときだけ指輪をするが、日本の女性は台所で炊事をするときでも指輪をはめている。だからあまり硬度のないエメラルドあたりだと、いつ割れてしまうかわからない。

このように宝石にはそれぞれ一長一短があるが、その中で、欠点がない宝石がダイヤモンドなのである。円とドルの力関係がどのように変わろうとも、ダイヤモンドは永遠に〝国際通貨〟としてまかり通る強味を持っている。

ダイヤモンドなら「デ・ビアス」に限る

ダイヤモンドなら「デ・ビアス」のダイヤモンドに限る。これは私の持論である。

ダイヤモンドの原産国は南アフリカと思っている人は多いが、ダイヤモンドの原石は南アフリカだけに限らず、北アフリカでも、ソ連（現ロシア）でも、世界中どこでも出る。しかし、それはあくまでも原石の話であって、指輪になり、首飾りになるものは「南アフリカ産」でなければならない。

デ・ビアスはダイヤモンドのシンジケートで、常にダイヤモンドの価格をコントロールしている。そして、世界中に二百数十人のカッターとポリッシャー（研磨技師）を前金を払っておさえている。デ・ビアスのダイヤモンドが年間20パーセントずつ値上がりするのもこのためだ。

デ・ビアスのシンジケートを通らないダイヤは、デ・ビアス製の値段の5分の1か、せいぜい3分の1でしか売れない。

最近はダイヤモンド・ブームとかで、ダイヤモンドであればネコもシャクシも飛びつくが、これはあまり上手な買い方とはいえない。どうせダイヤモンドを買うのであれば、上等のものに限る。それには、まず、そのダイヤモンドがデ・ビアスのものかどうかを確かめてみることだ。

それから、ダイヤモンドの銘柄を指定することである。ちょっと見た感じではキラキラ輝くダイヤモンドは大きさが違うだけで、デザインは同じように見えるが、ドレスがクリスチャン・ディオールとピエール・カルダンではまったく違うように、ダイヤモンドもカッターとポリッシャーが違えばデザインも違ってくる。そして、ダイヤモンドの有名デザイナーは全員シンジケートがメンバーにしているから「何某のカッティングした石をください」と指定して買うのが正しい買い方である。

ダイヤモンドには、80面体とか90面体とか、いろいろなものがある。カッターやポリッシャーが違えば、原石のけずり方から磨き方まで、大きく違ってくる。

「だれそれのカッティングした石を」と、銘柄を指定して買った石は、ダイヤモンドの中でも由緒正しい石ということになるから、次にその石を売ろうとするときには、由緒正しい石にふさわしい、ちゃんとした値段がつき、売り手は決して損することはない。

ただ、いうまでもないことだが、オーソライズド・カッターなりポリッシャーの名前は、自分の好みもさりながら世界に通用するものを選び出すことが肝心だ。

午前10時の太陽の下で買え

ダイヤモンドを買う場合は、だいたいにおいて店の奥まった部屋などの秘密めいたムードの中で、ためつすがめつして手にすることが多い。しかし、ダイヤモンドは、電灯の光にかざしてみるよりも、太陽の光のもとで見たほうがいい。最近の流行のデザインは、横に大きくカットしたものが大半で、戦前のように、縦に深いものではないが、それでも太陽のもとで確かめるべきものなのである。

その太陽も、午前10時の太陽に限る。午前10時の太陽の下でダイヤモンドを見ることが、キズのない完璧なダイヤモンドを手に入れるコツだといえる。

さらに万全を期すならば、

「ルーズを見せてくれ」

というべきだ。ルーズ、つまり、ダイヤモンドの裸石《ルーズ》のことである。ダイヤモンドの指輪などでは、石を支えているツメ＝プロングで、キズが隠されていることが少なくない。

裸石を調べてこそ、納得がいくものなのだ。

宝石商がダイヤモンドの傷を調べる場合は20倍の拡大鏡《ルーペ》を使う。国際基準では10倍のを使っているから、客に見せる場合は10倍のルーペで見せる。

それを承知で、20倍のルーペで見たい、といえば、宝石商は緊張して、必ず〝正当な値段〟を示してくるものだ。

用心しなければならないのは、このほかに色つきダイヤがある。色つきダイヤでもダイヤモンドに変わりはないが、無色透明なものを最高級とすれば、ずっとランクが下がる。我々の仲間では色つきダイヤのことを「レモンダイヤ」と呼んでいるが、デ・ビアスが出荷するダイヤモンドの中でレモンダイヤがさばけるのは、東南アジアだけである。このレモンダイヤは、ニューヨークやパリでは無色透明なダイヤモンドの半値にしかならない。

「香港でダイヤモンドを買ったらえらく安くってねえ」

などと、喜んでいる人のダイヤは、いずれもレモンダイヤの可能性がある。安くて当たり前だ。

ダイヤモンドが色つきかどうかを簡単に判別したければ、手持ちの名刺を活用すればいい。名刺を縦にふたつに折ってダイヤをのせて眺めれば、色がついているかどうかは一目瞭然である。

ダイヤモンドを買うコツは、いいものを正当な値段で買うことである。安物でもダイヤは確かにダイヤだが、値上がりは皮算用ほどに期待はできない。

〝あやしげなもの〟が売れる

ダイヤモンドがなぜ売れるかというと、ダイヤモンドの持つ妖しい光が女心を微妙にくすぐるからにほかならない。

ダイヤモンドに限らず、あやしげなものは商品になる。

ＫＫベストセラーズの岩瀬順三社長（当時）は『怪物商法』をヒットさせたが、これまた得体の知れないといったら著者の糸山英太郎さんに失礼だが、糸山さんとは似ても似つかない〝怪物〟の似顔絵を広告に使いまくり、あやしげなムードを出してこの本を売って売りまくったからだろう。

私自身に関していうならば、ある雑誌はその記事の中で私を指して「国籍不明の顔」と評したが、私は国籍不明のあやしげな顔であるからこそ、世界のビジネスマンと互角に渡りあってくることができたのだ、と思っている。

〝あやしげなもの〟――これを売りまくることだ。

巨岩も一種の宝石である

私の友人で東京の郊外に別荘を持っている男がいるが、彼は庭へ巨岩を転がしている。しかし、無目的に石を持ってきて並べているのではない。

自然保護が進むと、川や山から勝手に大きな巨岩を取ることが制限される時代がやがてくる、とにらんでいるのだ。そのとき売れば、彼がタダで取ってきたこれらの巨岩は、ダイヤモンド同様、いい値段で売れるはずだという。

土地や建物を売れば、税務署が目を光らせて調べにくるが、岩は5倍で売ろうが10倍で売ろうが、税務署ににらまれることはないと計算している。

しかも、売れるまで庭に放っておいても、まったく手がかからないから都合がいい。植木だと、手入れに大変な金がかかる。それに、巨岩は、たとえ高価に売れるとわかっていても、重すぎて盗んでいく者がいないから、保管に苦労することもない、と友人はいうのだが、こうした発想も、まったくムダとはいえないと思う。

第5章

金を生む標的を狙え

目標を決めてから儲けろ

「何か儲け話はありませんか」

と目を血走らせている人をよく見かけるが、こんな人に限って、逃げる女に追いすがってピシャリと振られるモテない男のように、お金から嫌われるようだ。

遊び好きな男、あるいは遊びの上手な男のことをプレイボーイというが、プレイボーイほど石部金吉さんよりよくモテる。

レジャーをうまく楽しむアメリカ人が、勤勉な日本人よりお金によくモテるのも事実である。

カリフォルニアのニューポート・ビーチはすぐ目の前にリド島が眺められる風光明媚《めいび》な土地だが、それよりも壮観なのは湾内につながれた何千という数にのぼる豪華なヨットである。

海岸には、ヨットの持ち主の家にふさわしい堂々たる邸宅が立ち並び、ヨットを見て家を眺めていると、日本人の金持ちなんかみんな貧乏人に見えてくる。

このニューポート・ビーチのレストランでアメリカ人と食事をしながら、私は思わずたずねたものだ。

「あんな家に住み、あんなヨットに乗っている連中は、一体、どんな仕事をしてる連中かね」

彼はいたずらっぽく笑って教えてくれた。

「デン、仕事をしてるヤツはここにはいないんだぜ」

つまり、儲けるだけ儲けた連中が、あとは人生を楽しむだけだ、と考えてここに集まってくるというのだ。

日本人は貧しいから死ぬまで働くが、彼らは儲けたあとでは必ず楽しむ。その楽しみがあるからこそ、稼ぐときには徹底的に稼ぐのだ。

日本人には金儲けを目的だと心得ている人が多いが、これは間違っている。金儲けは、儲けたあとそれを使って何かをやるための手段にすぎない。

「金の儲け方を教えてくれ」と尋ねてくる人は多いが、私は必ず、

「教えてあげてもいいが、儲かったあと、それを何に使うのですか」と聞く。

そうすると、ほとんどの人が、けげんそうな顔をして、

「儲けたことがないからわかりません」と答える。

これではダメだ。

儲かったらアカプルコへ遊びに行きたいとか、家を買いたいとか、スポーツカーを乗りまわしたい、美人を囲ってみたい、などと、**初めに詳細な目的を持っておくのが金儲けのルールである。**

金の使い方も知らない人に金儲けの方法を教えても仕方がない。おそらく酒と女に浪費するのが関の山だろう。これでは教え甲斐がない。人生には酒と女以外にやらなければならないことはたくさんある。やはり、それをやりたいという人に教えたい。

しかも、目的がわかっておれば、どれだけ儲けさせればいいか見当がつくから、そのようにコーチができる。儲けたあとの計画のない人には何を教えたらいいかわからない。

〝金儲けは目的ではなく手段だ〟と考えろ

学校でもそうだ。医者になりたい、という目的を持っている生徒はそれなら医学部へ進学しなさい、そして、そのためにはこれこれしかじかの勉強をしなさい、とアドバイスすることができる。しかし、進路の定まっていない生徒には、何のアドバイスもできない。

金儲けがしたかったら、金儲けは目的ではなく手段だ、ということに早く気がつくことが、成功するコツである。目的を定めて、そのために儲けるプランを立てることだ。やみくもに金儲けに精を出しても命を縮めるだけである。

無目的に金を儲けると酒と女に走りがちであることは、すでに指摘した通りだが、40歳を越えて目的のない金が儲かると、意外に酒と女にも浪費しないものである。いや、酒と女に浪費しようとしても、体力と健康の問題があって、思うように体がいうことをきかないのだ。

そこで、ふと、何か別のことがあるのではないか、と気づき、遅まきながら目的をつくる。しかし、若いときはこうはいかない。徹夜を重ねてバカ騒ぎをしても体がビクともしないから、貴重な儲けを湯水のごとく浪費して、元の木阿弥《もくあみ》になってしまう。気がついてホゾを噛んでも、もう遅い。浪費癖がついては、二度と儲けを手にすることは望めないのだ。

だから、40歳までに成功したいという人には、とくにこの点を強調しておきたい。40歳までに金の使い方を知りなさい。儲かったあとの目的をつくりなさい、と。

人生はたとえプランを立てたところで、そのプラン通りに行くものではない。うまく行ってプラン通りであって、プラン以上にうまくいくことは絶対にありえないといってもいい。だから、金儲けをする場合も、最低のプランがなければ、とても金など儲からないと知るべしである。

自分自身のレジャーを発見せよ

日本人はボウリングがブームというとネコもシャクシもみんなボウリング熱にとりつかれ、ゴルフ・ブームだというと午前4時ごろから起きて我れ先にゴルフ場へ駆けつける。ゴールデン・ウィークともなると、行き先はみんな同じだから、電車は満員、車は渋滞《じゅうたい》、出かけた先は人の波で、楽しいはずの行楽が大変悲惨なことになる。

これはすべて日本人が遊びベタだからにほかならない。働くことに馴らされ、遊びを忘れていた貧しい民族の哀れな習性といっても過言ではない。

そこへ行くと、欧米人は自分自身のレジャーを発見し、人生を豊かに楽しんでいる。遊びはなにも他人と同じである必要はない。自分さえ楽しければいいのだから、ブームへ飛びつくことはない。

私の知っているアメリカ人の中でも、とくに変わったレジャーを楽しんでいるのがラディック氏である。楽器にくわしい方なら、ドラム・メーカーのラディックといえばすぐにおわかりになるはずだが、そこの社長で今年93歳になる老人である。

このラディック氏の楽しみは、やはり〝音〟である。それも、そんじょそこらの〝音〟ではない。大砲をブッ放すのが趣味なのだ。

ラディック氏の隣家の住人であるマイコラス氏は私の友人である。私がマイコラス氏の家を訪れたとき、ラディック氏の〝変わった趣味〟が話題になり、マイコラス氏がラディック氏の趣味である年代ものの大砲を借りてきてブッ放してみせてくれた。

古ぼけた大砲で、南北戦争に使われたというカノン砲である。私はたかをくくっていたが、いやその音のデカいのなんの。鼓膜が破れて胃袋がズシーンとするほど物凄い音なのである。あとでよくも腰が抜けなかったものだと思ったほどの轟音《ごう》である。

ところが、ラディック氏、以前は毎日のように、

ドッカーン！　ドッカーン！

と、やっていたのだという。たまりかねた付近の住人たちから、

「ラディックの大砲をやめさせろ！」

と怒鳴りこまれてからは、年間90発、4日に1発に制限されてしまったのだという。

ラディック老人の仕事は、1日中、ドラムのテストをすることである。仕事をはなれたときぐらい音を忘れればいいのに、と思うのはシロウト考えで、このデッカイ大砲の轟音を聞くのが、ラディック老人の趣味とレジャーを兼ねた精神安定法なのだという。

このラディック老のレジャーには、近所迷惑というマイナスがあるが、レジャーとは本来、個人個人にとって違うものであるべきなのだ。

他人と同じレジャーを楽しんでいるようでは、やはりその相手と同様な収入に甘んじなければならないだろう。ひとよりもうんと儲けたいならば個性的なレジャーを発見し、王侯の楽しみをひとりだけ味わうことである。

落第も〝ゆとり〟である

私は小学校6年生を2回やった。といっても成績が悪くて落第したわけではない。成績が悪いどころか、常にクラスのトップで、いわせていただけば、弘法大師の再来か、とまでいわれたものである。

私は小学校を優秀な成績で卒業すると、6人の同級生と一緒に中学を受験した。もちろん、6人の中では私の成績がトップである。

ところが、ほかの5人は無事パスしたのに、私だけが入試に落ちた。当時は学業優秀な自分だけがなぜ落ちたのか、フにおちず、狐につままれたような気持だったが、あとで聞いた話では、当時、私を教えていた小学校の先生が、こいつはこのまま伸ばしたら大変な

ことになる、ここらで一発くらわしておかなければならない、と思って、

「藤田という生徒はカスだから、入学させないほうがいい」

と、内申書に書いたのだそうである。それで、みごとに落とされた。

遊んでいても仕方がない。そう思って、私は父親に、

「もう1回、6年生をやらせてくれ」

といい、父親は、それもいいだろう、といって、校長に頼みに行ってくれた。

ところが、校長はいくら父親が懇願しても、

「一度、卒業証書を渡した生徒にもう一度6年生をやらせるわけにはいかない」

といって突っぱねる。

「健康を損ねて長期欠席をしたというのなら、6年を2回やってもかまいませんが……」

そう父にいったそうである。不健康どころか体は健康そのものだし、頭のほうも弘法大師の再来か、ニュートンの生まれかわりかといわれるほどサエている。

結局、卒業した小学校はお百度踏んでもダメだということになり、別の小学校の6年生へ入れてもらい、翌年、今度はまぎれもなく優秀な成績で中学校へ進んだのである。

しかし、私は6年生を2回やったおかげで普通の人の倍の友人に恵まれた。中学校では同級生はもちろん友達だが、一級上の連中も友達である。友達の多いということが、それ

以後の私に、どれだけ無形の財産となったかわからない。落第も浪人も、一種の〝ゆとり〟である。そしてその〝ゆとり〟は、商売をする上でも金儲けをする上でも、大切な要素である。

〝動く〟ことは〝働く〟ことではない

日本人は社会でもチョコマカ動いていると、とかく働いているのだと勘違いしがちである。

〝動く〟ということと〝働く〟ということは字を見ても違う。〝働く〟ほうにはニンベンがある。

会社では〝動く〟ことに価値はない。仕事をしてこそ、初めて社員としての価値が生まれてくる。

せっせと上役にお茶を入れてゴマをすったり、社長の前をパーッと走っていって、いかにも働いているように装っているヤツがいるが、そんな無駄な動きをみせても会社は一銭だって儲からない。じっとしていても、会社のためになることを考えているのなら、それはすでに働いていることになる。

私が会社へ出ると、「社長、おはようございます」と、わざわざいいに来るヤツがいるが、こういうのは働いているものとは見なさないことにしている。

身を粉にするな、頭を粉にせよ

社長のところに大切な来客があると、よく、社長自身がお茶を入れてもてなす場面にお目にかかる。

日本人は、社長自身がお茶を入れたり、コーラを持ってくると、とたんに印象をよくするような、幼稚なところが多分にある。そして、それを日本人の〃美徳〃と考えたがるが、とんでもないことだ。

社長は「お茶を持って来い」と部下なり女のコに指示すればいい。それは決して身分の上のものが下のものをコキ使うという〃差別〃ではない。上のものが〃指示する〃ことこそ、金儲けのシステムなのだ。

有能なアメリカ人にいわせると、月給の高い人は動くな、という。月給の高い人が動くと会社の損だ、というのである。

日本人は、社長たるもの、率先垂範《すいはん》して動かなくては、と考える風潮があるが、彼らは、動いてはダメだ、頭を働かせなくてはと考える。

だから、外国では月給の高い人は絶対といっていいほど動かない。次から次へ手を動かして部下に指示を与えるだけだ。

ジェット時代、コンピューター時代には、身を粉にするよりは、頭を粉にしなければならない。

小便はゆっくりとやれ

私にも日本人独特のセッカチなところがあって、以前はよくトイレからハンカチで手を拭きながら出て来て、それをアメリカ人に見とがめられたものである。

「デン、君はなぜ、トイレを急ぐのかね」

彼はそういって私に首をふってみせる。はじめは、私のエチケットのことを注意されているのだろうと思っていた。

ところが、よく聞いてみるとそうではないのだ。

「体のことは自然にさからってはいけないよ」

彼らは口をそろえてそういう。

日本人がトイレでおシッコをするのを見ると、みんな力んで放水している。しかし、彼らは力まない。自然のままにまかせるのだ。

「おチンチンもパイプだよ。パイプの口に水圧を加えて流せば、パイプが傷みやすい。自然に流すのにくらべると長持ちの度合いが違う。自分の命のことを考えたら、急いで放水しちゃいけない。力んでおシッコする人は、器官をこわして早死にする可能性が高いから、危なくてそんな人を相手にして商売できないよ」

こう言われて、私はグウの音も出なかった。

それ以後は、トイレで商談の相手と並ぶと、つとめて私はツイ立て越しにヒョイとのぞきこむことにしている。

何もサイズを気にしたり、ホモッ気があるからではない。どれだけ器官を大切にしているかを観察するためである。

これからの時代は、お見合いのときに血液検査証を交換するのもいいが、お互いにおシッコの音の聞きっこをして、いかに体を大切にしているかを推測し、成否の判定のデータにするのもいいのではあるまいか。

常に〝次の金儲け〟を探せ

アメリカ人はどんな事業も永遠に続くとは考えていない。だから、現在の自分の事業が儲かっている間に、次には何をやれば儲かるかを考え、その対策を練っている。

日本でも、最近になってようやくこうした考えが浸透してきて、ボウリング全盛時代から〝ポスト・ボウリングは何か〟を真剣に考えている人も何人か知っている。

ところが、例を〝ポスト・ボウリング産業〟にとると、日本人は、

「アーチェリーだろう」

「いや、室内プールだよ」

と〝たったひとつの本命〟探しに大わらわなのだ。この「ポスト・ボウリング産業はひとつしかないから、それを他人より早く発見して儲けたい」という発想は、いかにも日本人らしいと思う。

私は、ポスト・ボウリング産業といっても、それは一種目だけに限られるとは考えていない。だから、アーチェリーも正解であり、室内プールも正解だと思っている。

というのも、ボウリングはレジャー産業史の中でも、1000年に1回あるかないかの

大満塁ホームランなのだ。だから、ポスト・ボウリングに、ボウリング産業のような大ホームランがたて続けに出てくることは、まず考えられない。

そうだとすると、大ホームランを狙って空振りの三振をするよりは、ボウリングを分析して、ボウリングの要素を多分に持っているレジャーを見つけ出し、確実に単打を狙ったほうが賢い。

ボウリングが日本で爆発的なブームを呼んだポイントは二つある。

一つ目は、365日、天候を気にせずに遊べる全天候型スポーツだということだ。

日本のように「いいお天気ですね」と挨拶に天気が出てくるほど天気の定まらない国では、晴雨にかかわらず楽しめるというのはすばらしいことだといえる。

二つ目は、自宅なり勤め先から、気軽に行って短時間に十分な運動量がとれる点である。

これがとかく多忙な日本人に受けた。

だから、ポスト・ボウリングのマス・レジャーを探すなら、この二つの条件に当てはまるものを見つけ出せばいい。アーチェリーや室内プールのほかに、スカッシュ、インドア・ゴルフ、インドア・テニス、バドミントンなど、いろいろある。この中でも、テニスが、どうやら次のブームの旗手になりそうな勢いである。男女が一緒にやれる、というのもポイントになりそうだ。

商売はすべからく頭を使うべきである。頭のいい奴は儲かり、頭の回転の悪い奴は損をする。

これは商売の定理である。頭は使わなければさびつくし、悪い頭でも使っているうちに回転はよくなるものだ。

動物〝若者世代〟に注目せよ

私は昭和15（1940）年よりあとに生まれた世代は、それ以前の人間とはまるで違った動物だと思っている。

テルアビブでドンパチやったバカどもは、昭和15年以前の人間には想像もつかない動物である。一体なんのためにアラブ・ゲリラのお先棒をかつがなければならないのか、我々にはさっぱりわからない。

日本人なら日本のことを心配すればいいのに、日本のことはさておいてアラブのことを心配している。つまり、若者はそれ以前の世代の人間にくらべると、国家意識が非常に希薄になっている。

これは世界中どこの国の若者にも共通していえる現象なのだ。それ以前の世代が、いつまでたっても日本人であり、いつまでたってもアメリカ人であるのに対し、若者は日本人でありながらじつにみごとにアメリカ人みたいになるし、アメリカの若者もすぐに日本人みたいになる。若者以外の人間には、

「我々は日本人だから、そんなことはできない」

といった意識があるが、若者にはそれがない。そのかわりに国際性がある。

日本の若者が、これまでの日本人と違う動物になったのは、戦後始まった給食のせいである。学校給食の第1回が昭和15年生まれから実施され、彼らの食事が米からパンへ変わっていった。

それ以前の日本人は、米と魚が中心だったから、これは日本始まって以来の大きなできごとであるといわなければならない。

ブタでも馬でもエサが違ってくると、デキが違ってくる。米と魚を食っている人間と、パンと肉を常食とする人間では、デキが違ってくる。

顔の色が黄色で髪が黒く、どこからみても日本人だが、若者世代はこれまでの日本人とはまったく違う動物なのだ。

商売をするときに、それを忘れてはいけない。この国には、違う動物が二種類いるのだということを心に銘記し、それなりの対応策を講じなければ、商売は成り立たない。

「断絶の世代」ということがよくいわれるが、食いものを分析して、違う動物が雑居していると思えば、簡単に説明がつく。

若者を商売の起爆剤にしろ＝1000円札を1万円札にする工夫

人間はいくつになっても若く見られたがる。40歳になっても50歳になっても自分では26歳だと思っているような人は多い。

そういった人たちが「若者」という場合は、自分の青春時代のことを考えて話をするが、現在の若者は異質であることを忘れてはならない。メンタル年齢26歳の人が考えているような甘っちょろい若者ではない。

今の若者は「金が欲しい」とハッキリいう。朝昼晩、ハンバーガーを食って、翌朝またハンバーガーを食って平気な顔をしている。どう見たって異人種だ。

私は世界一うまいハンバーガーを売っているが、私のような戦中派はその世界一うまいハンバーガーでも、昼に腹一杯食べると、正直なところ、夕食にはイヤになる。

この若者の最大の特徴は、浪費癖があることである。そこで、デパートも衣料スーパーも、ヤングヤングこっちへ来い——とばかり、若者路線をまっしぐらに突っ走っている。

浪費癖のある連中を集めれば、これは当然儲かるから、やり方としては悪くない。

ところが、8階建てのデパートが1階から8階まで、全階若者路線を敷いてしまっては失敗する。

というのは、いかに若者たちをおだててみても、ヤングは低所得層である。お金にたとえれば1000円札だ。

商売は1万円札を呼ばなければ成功しない。それでは1万円札ばかり追いかけて、1000円札のほうはどうでもいいかというと、やはり、1000円札も呼べないようでは、1万円札などはとても呼べない。つまり、若者を商売の起爆剤として活用するのが、若者路線の狙いでなければならない。

若者が群がっていると、メンタル年齢26歳の、あやしげな自称〃若者〃があとからのこのこついてくる。

この1000円札のあとからついてくる1万円札を1000円札もろとも、サッとすくい上げてこそ、儲かるのである。1万円札をひっぱるために先に1000円札をひっぱる。これが商売というものだ。

だから、デパートでも、2階までは若者路線でいい、しかし、3階以上もそれにしたら、絶対損をする。

失敗しているデパートを調べてみると、上まで若者一色の場合が多い。3階から上は1万円札を狙うべきだ。

若者はあくまでも起爆剤。

若者中心に商売をすると必ず失敗する。

10年先が見ものだ

現在30歳の若者は10年後には40歳になる。

長髪のロン毛スタイルをした妙な中年男が10年後には誕生するわけだ。つまり、ヤング・アダルト（ヤングなオトナ）が出現することになる。これは大変なことである。

世の中がヘンなことになる。

かつて曽祖父から聞いた話で、妙に印象に残っている話がある。

明治10（1877）年ごろのことだが、町を歩いていると、背中に竹の棒を入れたようにシャチホコ張って歩いている人が多かったそうだ。数年前まで腰に大小を差して歩いていたかつての武士である。彼らは背筋をピンと伸ばし、正面をにらみ、道路の真ん中しか歩かない。曲り角へくると、電気仕掛けの人形がカチッと音をたてて方向を変えるようにギクシャクとして角を曲るのだそうだ。

新しい時代に素早く溶けこんでいった庶民は、いつまでも武士の性癖の抜けない昔の侍どものそんな姿を、うしろ指さして笑ったのだという。

今のヤングが10年後に、私を指さして、

「あそこに前世紀の遺物が歩いてらあ」

そういって笑う時代がくるかもしれない。

しかし、その時代が来たら来たで、私はデン・フジタの商法のノウハウを駆使して、ヤング・アダルトを相手に儲けるつもりである。

「人間は動物だ」ということを忘れるな

欧米人はよく日本人は〃人間も動物である〃ということを忘れているのではないかという。

彼らにいわせると、人間が動物であるという基礎知識を忘れ、人間が自由意志を持った高等生物だと錯覚することから、さまざまな破局がおとずれるのだそうだ。

商売の場合も、相手が人間だと思うから儲からない。相手は動物であると思わなければならないのだ。

動物であるから金欲もあれば性欲もある。さまざまな欲望があり本能がある。

それを攻撃するのが商売のコツだ。

動物である相手の欲望をどう攻撃し、本能の持つ弱点をどうやってついていくかを、商売人は常に考えておかなければならない。

宗教家や教育者は人間を人間として見るべきだ。

しかし、商売人は人間を動物だと認識しなければならない。

そして、人間の根本的な欲望に訴えて商売をすべきである。

商人ばかりではない。

国家も政府も、人間は動物だということを認めて、もう少し人間の欲望に訴える施政を行なうべきである。

それは決して恥ずかしいことでもなんでもない。

欲望に訴えろ、というと日本人は軽蔑《けいべつ》するような目で見る。だいたい日本人はいいカッコをしたがる傾向が強い。

金を軽蔑しながら金にあこがれているのもその一例だ。もっと正直に、素直に、金にあこがれてもいいいと思う。

性欲ー
キャーッ
ドキドキ
ウヒョー
ドキドキ
食欲ー
おなかすいたー
ズズーッ
はらへったー
がつがつ
拝金欲!!
お金ほしー
金ー
お金ー
10000
人間もしょせん動物よのう～

まず己を考え、次に社会を考えろ

人間も動物だから、欲望が先行してとかく己だけを考えがちである。どんな偉い人でも、まず、自分のために行動を起こしている。偉い政治家サンは、口を開くと、

「私は国のため、社会のため、すべてを抛《なげう》ってやっております」

と、恥ずかしげもなく大声でガナッているが、あれはウソだ。

人間が動物である限り、生きていくためには、まず自分のために働くものなのである。

「社会のため」はその次のことになる。

しかし、たとえその次になっても、やはり社会のこと、次代のことを考えるのが人間だろう。

我々が、今日、背広を着、うまい食事にありつき、のうのうとテレビを楽しむことができるのは、我々の先輩がえらかったからにほかならない。我々は先人の残してくれた人智の蓄積の恩恵を受けて生活しているのだ。そうすれば、当然、我々もまた後輩のために人智を積んでおこうという心掛けがなくてはならない。そうしなければ、人間社会は決して向上しない。

人間が結婚し、子供を生み、その子を育てるまでには20年から30年の歳月が必要である。つまり、我々は何百年計画かでこの国をよくすることを考えると同時に、自分が生きている50～60年の間に、ひとつの宿題を片づけておこうという姿勢も、同時にあわせ持たなければならない。つまり、民族のことと自分のことの二つを考えていかなければならないと思う。

とすれば、人間がつとめる企業で、もっとも働き甲斐のあるものは、働くその個人のためにもなり、同時に世の中のためにもなる企業である。

利益をあげるために人体に有害な化学物質のタレ流しをやっている企業などは、高給をとる個人のためにはなっても世の中のためになっているとは言い難い。人間は、自分のためになりながらも、同時に世の中の進歩に貢献しているのだと胸を張れる仕事ばかりをやるべきである。

「高い給料がとれてあなたのためにもなるし、しかもあなたの仕事は世の中の進歩のためにもなっているんですよ」

経営者が強い信念を持ってそう言うとき、社員は死にもの狂いになって働くだろう。

成功する"色"と失敗する"色"

若者の着ているものは男女を問わず、じつにカラフルであり、カラー時代はこれからますます本格化していくことだろう。

商売も、カラーの選択で、成功したり失敗したりする傾向はますます大きくなるに違いない。

こんな実例もある。

オランダの有名なハムの会社が、戦後、アメリカへハムの缶詰を輸出した。この会社のハムは安くてうまいことで定評があり、会社として、値段と味で十分に他社の製品と戦って行けるだけの自信を持っていた。

ところが、輸出先のアメリカでの売行きがサッパリなのだ。どんなに大宣伝しても売れない。

ハムの会社は必死になって、なぜ売れないのか、と調査に乗り出した。

理由はじつに簡単だった。缶詰の缶の色がグリーンだから売れなかったのだ。

アメリカでは毒物を表わす色がグリーンなのだ。劇薬を示す色もすべてグリーン。

そのグリーンがスーパーの棚へずらっと並んでも、これでは買い手がない。客は恐しそうに首をすくめ、グリーンの缶詰の棚の前から足早に去っていくだけである。

いかに缶の色がグリーンでも、缶にはちゃんとオランダ製のハムと書いてある。だから客には缶詰の中身はハムだということはひとめでわかる。それでも〝グリーンは本来毒物〟という先入観のほうが強く、グリーンの缶詰は敬遠されてしまったのだ。長い間の習慣で、グリーン缶のハムは「毒入りハム」だと思われたらしい。

その国ではどういう色がどんな意味を持っているか、そこまで調べておかないと商売はできない時代に、すでに突入しているのである。

たとえば日本では死の色は黒だが、フランスへ行くとこれが紫になる。葬式で棺を覆うのは紫の布である。ところが日本ではお坊さんが紫の衣装をまとうが、紫は死を意味する色ではない。逆に高貴な色である。

こうしたちょっとしたところに、金儲けの盲点があるからおそろしい。

第6章

大胆な発想と感覚

国際法すら遅れてる

欧米人は話してみるとよくわかるが、雑学の大家である。ありとあらゆることに精通している。

これに対して、日本人の一流財界人は、経済のことを狭く知っているにすぎない。彼らが欧米人ほどでっかく儲けることができない理由も、そこにある。金儲けを志すならば、知識は狭く深くではなく、広く深く身につけるべきである。狭く深く知っている代表的な人といえる大学教授に金儲けの名人はひとりもいないことをよく考えるべきである。

私はこの長所をできるだけ取り入れるように心がけてきたつもりである。

彼らの雑学は広範囲にわたる。もちろん、彼らの頭の中には国境などというものはない。彼らは豊富な雑学をバックに、国際的な視野で金儲けについて考える。だからその儲けは段違いにでかいのだ。

日本人にこれから先、絶対に不可欠になってくるのは国際感覚である。国際感覚のない者は、儲かるどころかホームレスになるしかない。

関西の経済界の若手ホープといわれている某社の社長は、次期参議院議員選挙に立候補するのが確実だとみられているが、その人から、過日、電話があった。

「私が出るくらいなら、藤田さん、あなたが出たほうがいい」

そういう電話だった。

「政治家になるほど、私はガラが悪くはありませんよ」

私は笑いながらそう答えた。

もちろん、ガラ云々《うんぬん》は冗談だが、今の政治はあまりにも経済の進歩にくらべると遅れている。古色蒼然《こしきそうぜん》といってもいいし、国際感覚に欠ける人物が多すぎる。私はそんな政界に、どうしても意欲が湧かない。

もっとも遅れているのは国内の政治だけではない。外交も、国際法すらも遅れすぎている。

タイのチェンマイで十数人の幼な妻と甘い生活を送った玉本敏夫は、その資金を麻薬密売で得ていた容疑で、日本へ帰る飛行機の上で日本の官憲に逮捕（「玉本ハーレム事件」、1973年1月）されたが、その逮捕のしかたを新聞で読んで、あまりにも官憲側の考えが古くさいため、私は吹き出してしまった。

つまり、玉本は、乗りこんだ飛行機がタイの領空を離れ、公海上に達するのを待って、やおら逮捕状を執行されたのだ。

領海というのは、国によって違いはあるが、国際法では7カイリというのが通説になっている。ところが領海7カイリ説の基本となっているのは、ナポレオン時代の軍艦の大砲である。当時の大砲は、ドカーンと打っても6カイリで落ちてしまう程度の射程距離しかなかった。だから沖合7カイリでぶっ放した砲弾は、絶対に陸地まで届かなかった。それを基準に領海7カイリ説が採用されたのである。

ところが、今はその考えでいくと、領海は存在しない。長距離ミサイルなら、太平洋でも大西洋でも、あっという間に飛び越えてしまう。領海7カイリなどナンセンスである。

私が、もし逮捕される立場にあったら、私は居直っていたと思う。

「公海上で逮捕だと？　何が公海だよ。公海だ領海だっていうのは古い話だ。何を基準にしているか、キミは知っとるのかね。もっと新しいセンスで考えてもらいたいねえ」と。

だいたい政治家の住んでいる世界は、このように古い世界なのだ。

二枚舌は信用を失う

今日では、科学の進歩が急なあまり、国際法すら古くなってしまった。その国際法の権威であり、日本の最高裁判所長官までつとめた横田喜三郎氏に、私は東大の法学部時代に教えを受けたことがある。

そのとき、私は横田喜三郎教授に手をあげて質問した。

「憲法第9条の戦力とはなんですか」

私の質問に、マッカーサー司令部の法律顧問でもあった横田教授はよどみなく答えたものだ。

「火薬を用いて弾丸を発射するものが戦力だ。今後の日本は、弓とかクワぐらいしか持てない。そういう時代になったのだ」

横田教授の答えは単純明快だった。

ところが、今日の自衛隊の装備は、**火薬で弾丸を発射するどころではない。ミサイルまである。**これは横田説によると〝強大な戦力〟になる。それにもかかわらず、横田教授はのちに最高裁判官になっても、この点については黙して語らなかった。

これは横田教授が無節操なのではなく、おそらく国際法の先生だったからだろう、と私は解釈している。というのも、国際法に限って、**〝事情変更の原則〟**があり、環境が変わってくると主張が変わってもいいとされているからだ。あるいはひょっとして、横田教授は法学者ではなく、〝法商〟であり、そのために、前言に対して口を拭《ぬぐ》ったのかもしれない。

それはともかくとして、強大な〝戦力〟が日本に存在することは、世界で知らぬものはない事実なのだから、いくら「憲法で軍隊を持たないと表明しているのだから日本に軍隊はない」という奇妙な理屈をこねまわしても、かえって日本は二枚舌を警戒されるだけで、我々世界を相手に商売をしている者にとっては迷惑きわまりない。それよりも、どうせ自衛隊を存在させるのなら、堂々と憲法を改正して軍隊と戦力の所有を明記すべきであるし、憲法を改正しないのであれば自衛隊を解散させなければ仕方ないだろう。

商売で二枚舌を弄《ろう》する人がよくいるが、二枚舌の人は結局、信用を得られず、かえって大きな儲けを追い払うようなものだといえる。

〝末世思想〟を捨てろ

日本人は〝末世思想〟の強い国民である。だから、石油危機などの大きな問題が身近に発生すると、これでもうこの世の中は終わりだ、と考えがちだ。じつに、あきらめがいい。

しかし、私にいわせるならば、こうした末世思想は敗者の思想以外の何ものでもない。末世思想は心の中にあきらめを生じ、敗北につながる。

前にも述べたように、もたなければならないのは危機意識である。危機意識があれば、危機を乗り越える知恵も浮かび、生き残って勝者になれる。

末世思想は敗者の思想であり、危機意識こそ勝者へ至る思想なのだ。どんな立場に追いつめられてもあきらめることはない。

アメリカの土地成金

日本でもここ数年、土地成金が話題になっているが、アメリカと比較するとチャチなものである。

先年、私はアメリカから来たノーマン・スミスという男を、日本の大手の私鉄が行なっている宅地造成の現場へ連れていったことがある。彼が日本でデベロッピングをやりたいといってたずねてきたので案内したのだ。

現場を見て、ノーマン・スミス氏は、鼻先で「フン」と笑って帰っていった。

「何しろ規模が小さくて話にならん。今度、アメリカに来たら俺に連絡しろ。これがデベロッピングだ、というのを見せてやる」

というのが、日本を去るときの捨てゼリフである。

その後、私は社用でアメリカへ飛んだとき、その言葉を思い出して、ノーマン・スミス氏に電話を入れた。

「やあ、デンか。明日、会いに来いよ」

ノーマン・スミス氏は私にそういった。私は返事を渋った。明日来い、といわれても、私の渡米は社用だったし、ちょうど翌日は、マクドナルドのセミナーに出席しなければならないスケジュールになっている。

私は、明日はセミナーがあるからダメだ、と答えた。

「セミナーだって？　まあ、いいさ。マクドナルドの重役に、ノーマン・スミスが明日来い、といっているのだがどうしたものか、と相談してみたまえ」

ノーマン・スミス氏はそういうと電話を切った。私は、スミス氏のいった通りに、マクドナルドの重役にたずねてみた。

「ノーマン・スミスだと？　なぜ彼を知ってるのかね」

マクドナルドの重役は目を丸くして私を見たが、すぐに私に言った。

「行きなさい、デン。ノーマン・スミスが来いといってるのなら、行ったほうがいい」

私は、翌日、ノーマン・スミス氏に会いに行ったが、そこで彼の話がハッタリでも嘘でもなかったのを認めざるを得なかった。

何しろすごい。

カリフォルニア州には都会は3つしかない。サン・フランシスコとロス・アンジェルスとサンディエゴだ。ノーマン・スミス氏はそのサンディエゴの中心街の土地の大半を所有する大地主だったのである。

彼はそこで、町のド真ん中に市民の憩いの場のゴルフ場を作り、その周囲に住宅街を配置した理想的な都市を作り上げていた。

ノーマン・スミス氏は自分の家の建物の最上階に私を連れて行き、はるかかなたの地平線を指さした。

「見たまえ。目の届く範囲は全部俺の土地なんだぜ、デン」

私はド肝を抜かれてしまった。

スケールが違うのである。そして、アメリカは、こうした〝英雄〟が出現するような、合理的な税制を敷き、国民の勤労意欲をうまく、くすぐっているのである。

働けば金持ちになれる。それがわかったとき、若者は未来に夢を描き、自分自身のために働きはじめるのだ。

商売人にとって、儲けることは美徳でなければならない。

私はノーマン・スミス氏の横顔を眺めながら、つくづくそう思ったものだ。

〝無限保証つき〟のクレジット・カード

私の友人のひとりに、ハイマン・マッソーバー氏という中近東系のアメリカ人がいる。シカゴでナンバーワンのダイヤモンド商だ。このマッソーバー氏にもスケールの大きさを見せつけられたことがある。

先年、マッソーバー氏は東京へ遊びに来たが、そのときショッピングに出かけた日本橋のデパートから、私のオフィスへかなり興奮して電話をかけてきた。

「おい、デン。おれはビックリしたよ」

そういう彼の電話を聞いて、今度は私のほうがビックリした。マッソーバー氏は某社のクレジット・カードを持っているが、そのカードで88万円の象牙の仏像を買おうとして、売り場で断られたというのである。

日本のクレジット・カードの場合、一回の買物は原則として10万円以下と決められていたり、ほかにもいろんな制約があるが、マッソーバー氏のカードは〝特別〟なのである。ところがそれをどう説明しても、売り場は「困ります」の一点張りだというのだ。

〝世界の富豪のクレジット・カードにいちゃもんをつけるなんて、日本のデパートもダ

メだな。だから、日本人はイナカッペといわれるんだ……。〃

私は、舌打ちをしたが、イナカッペにしろ何にしろ、デパートが話がわからないとあっては仕方がない。

やがて、マッソーバー氏は私のオフィスへ帰ってきたが、問題のクレジット・カードを私に見せると、苦笑しながら説明してくれた。

マッソーバー氏の使っているクレジット会社のカードの左肩には小さな暗号が刻んである。1、2、3……6、7、とあってその次にマッソーバー氏のカードには8の代りに8が横になった〃無限大〃＝∞のシルシが入っているのだ。これは、ほぼ全世界をカバーしているこの信用保証会社が、限られた何人かの超大金持ちに限って、無限大の保証をしているというシルシであるという。

「3とか4なんてヤツはごまんといるんだ。6や7だって結構いる。でもね、俺のは無限大だぜ。極端なことをいえば、俺が何十億円の買物をしたって、信用保証会社は保証してくれるのだ」

マッソーバー氏はそういったものだが、私はそのスケールの大きさに圧倒されてしまった。

おそらく、デパートの売り場で、マッソーバー氏は同じことを説明したと思われるが、マッソーバー氏にくらべたらスケールの小さい〝小金持ち〟しか扱ったことのないデパートでは、彼の話があまりにも大きすぎて、どうしても納得できなかったのだろう。日本が「貧しい」国であることはこれを見てもよくわかる。

「世界駅弁大会」やれば儲かる

私は世界各国を25年間、歩いてきたが、どこの国にいっても、その国の国民がみんな食べているものがある。これが値段も一番安いし、生きていく上に必要な栄養も含まれている。たとえば、日本ならトウフであり、アメリカならハンバーガーだ。

数ヵ月前になるが、私は六十数歳の日本人の僧侶に会った。彼は、童貞で、この六十数年間というもの、肉や魚を食ったことがないというのだ。その彼のタンパク質の源は、トウフとゴマだそうだから、トウフは世界に誇るべき栄養のカタマリであるといってもいい。金持ちが食べるフグチリやタイサシなどはトウフの前では物の数ではない。

だから、世界旅行を安上がりに、しかも健康的に体験しようと思えば、空港《エア・ポート》に到着したら何をさておいても、その国では主として何を食っているかをたずねてみるべきである。そして、それを食っておけば間違いない。

東京のデパートでは、毎年「駅弁大会」という催しものを開催して、多くの客を集めているが、その向こうをはって、世界各国でその国の国民がみんな食べているものを集め「世界駅弁大会」を開いたら、日本だけの駅弁大会以上に儲かることは間違いない。

アメリカの〝駅弁〟ともいえるハンバーガーが、これほど売れている日本へ、世界の〝駅弁〟を持ち込めば、どれだけ儲かるかわからない。

ハンバーガー↓駅弁大会↓世界の駅弁大会……これが儲かるための発想法なのだ。

手相屋だって50パーセントは当たる

銀座など、繁華街でよく見かけるのが、手相屋である。売れっ子の手相屋の前には若い女性が長蛇の列を作り、手相屋のほうは頰の肉がゆるみそうになるのを必死で押えて、わざと深刻ぶって何やらつぶやいて、見料をふんだくっている。

この手相屋がなぜああもハヤるかというと、結局は人生には〝表〟と〝裏〟しかないからである。だから、当てずっぽうに「表」とか「裏」とかいったとしても50パーセントは当たる。深刻な顔をしているが、手相屋は心の中では、この客には表というべきか裏というべきか、というただそれだけのことで悩んでいるにすぎない。非常に低次元でしか物を考えない人でも、「表だ」「表だ」「表だ」といっておればいつかは当たる。反対に、非常に高次元で物を考える人が考えた末に「裏だ」といってもはずれることもある。

手相屋は、見料の手前、当たっても当たらなくても、一応「表だ」とか「裏だ」とかいう。だからハヤる。

これは、そのまま商売に応用できる。**つまり、高次元のノー・アンサーより、低次元であっても「イエス」「ノー」をはっきりさせた方がいい、ということである。**

「考えておきましょう」

「積極的に考えておきます」

「前向きに考えます」

「慎重に考慮してご返事します」

などといったセリフは、商売では何の役にも立たない。むしろ、ころがりこんできた儲け話を逃してしまうことにもなりかねない。

そんな返事をするよりも、

「やりましょう」

「ダメです」

「明日、必ず返事します」

といったほうが、どれほど商売に役立つかわからない。

悪い女にひっかかったときでも、ムニャムニャと口の中でいっている間に、深みにはまってしまう。

「よし、金で弁償したるでェ！」

サッとこういえば、それで解決する。儲かる奴は決して返事をのばさない。

即決、即決で富に近づいているのだ。「前向きに考える」だけ時間のロスだということを、心にとめおくべきである。

間違いはいくらでも修正できる

私も彼らを見習って、即決を旨としている。そのためには、社員の報告を聞く時間を原則として一人5分以内と決めている。そして、その場でひとつひとつのことがらに、「イエス」、「ノー」、「イエス」、「ノー」と返事をし、指示を与える。

そして、社員は必ず二人ずつ社長室へ入れて、一人が報告をし、それに私が指示を与える間、次の社員をうしろに控えさせておく。次の社員は、前の社員と私のやりとりを見ているから、自分もああいう具合に簡潔に報告しなければならないのだな、と判断し、極めて要領よく報告を行なうことになる。

私のこの話を聞いて、私の仕事ぶりを是非見たい、と言う社長さんが出て来た。そして、1時間ほど私の部屋に来て、私の即決ぶりを見学したが、そのあとで彼は私にこう言った。

「なるほど見事なものですな。しかし、あなたは、イエス、ノー、イエス、ノー、と次々と即決していくが、瞬間的なあなたの判断がすべて正しいという自信があるのですか」

もっともな質問である。

私は、自分の即決がすべて正しいとは思っていない、と答えた。中には間違っているものもあるだろう。しかし、間違っていることがわかったら、その時点で直ちに修正すればいいのだ。

日本の社長とか役つきの人間は、妙に面子《メンツ》にこだわって、間違っているとわかっても、なかなか誤りを認めようとしないし、修正しようとしない。また、それゆえに、間違った判断を下すことを恐れて、容易に即決しようとはしないのだ。

間違いは修正できるのだ、と考えるならば即決をこわがる必要はまったくない。個人の面子にこだわっていては金儲けなどできないし、会社が大きな損失をこうむってしまう。

修正は決して恥ずべきではない。

〝勇気〟ある者が儲かる

私はアメリカの友人から、よく、

「日本人は勇気を知っていますか」

と、質問される。

勇気とは、自分が理論的に正しいと信じることは、いかなる悪い状態におかれていても主張を貫くことである。日本人は、マアマアであり、五分五分屋である。間違いを修正する勇気すらないように思われる。そんな日本人を見て、彼らが日本人に勇気はあるのか、と疑問に思うのは至極当然である。

商売人だけではない。サラリーマンにしても、こうすれば会社のためになる、と思うことがあっても、ほとんど発言しようとはしない。

日本人に勇気があれば日本の会社はもっとよくなる、ということは、彼らがいつも指摘する点である。

金儲けには勇気が必要である。

勇気ある男には女がメロメロになるように、本当に勇気のある男には金の方ですがりついてくる。

読者からの相談の手紙の中に、

「有力者へのコネがほしいがどうしたものか」という内容のものがあった。

有力者に会いたいと思ったら、〝勇気〟を出して、直接たずねてみることである。

アポイントメントを取らない限り、十中八、九まで玄関払いを食うかもしれないが、1パーセントでも可能性があれば、出かけてみるべきだ。

そうした有力者は、部下のおべっかまじりの進言には、あきあきしているものだ。そして、明日にでも、とてつもない新しいアイデアの持ち主が自分をたずねてくることを、心の中では、意外に期待しているものなのである。

有力者のコネを求める方法を質問してくるぐらいなら、堂々と胸を張って直接ぶつかるだけの勇気を養ってほしいものだ。

ユニークなアイデアを生む頭＝煙突を横にするという発想

ユニークな発想はコチコチの頭からは生まれて来ない。時にはユーモラスなことばのひとつも口にするような、柔軟な脳細胞から生まれるものである。

私の九州の友人がミュンヘン・オリンピックの見物に団体で行き、ミュンヘンのホテルに投宿したときのことである。

リーダーが、出発前にトランクを廊下へ出しておくようにいったので、友人はパンツ一枚の姿で廊下へトランクを運び出した。

そのときに、自分の部屋のドアがバタンと閉まり、友人は締め出されてしまったのだ。カギは部屋の中にあるから、あけるわけにはいかない。

友人はフロントへ電話をしてもらうべく、同じフロアのほかの部屋のドアを叩いてまわった。

ところが、ノックでドアを半開きにした客は、廊下に裸の男が立っているので、あわてでドアを閉じてしまう。もしもし、も、へったくれもない。問答無用でドアをバーンと閉じてしまう。**珍スタイルの友人を見て〝これはあぶない。精神異常者かもしれない〟おそらく、そう思ったからだろう。**仕方なく、友人はパンツ一枚のスタイルでロビーへおりて行った。

ところが、ロビーの人々は、友人を見て、とがめるかわりにこういったそうだ。

「ハーイ、ミスター。オリンピックのマラソンの決勝点はここなのですか」

友人は温かい彼らのユーモアに助けられながらもフロントでマスター・キーを借り出し

て難をのがれたのである。

この心のゆとり、「ここはオリンピックのマラソンの決勝点か」というユーモアの発想、これが日本人に欲しい。

日本では、煙突は、かつては力の象徴だった。ところが今では公害の象徴であり、悪魔の象徴になってしまった。

つまり、会社はこれから先は、どうやって煙突をなくしていくかを真剣に考えなければならない時代になったのだ。

――煙突を天に向かってそびえ立たせるのがいけないのであれば、せめて煙突を横に出す方法はないものか。そう考える企業が1社ぐらいはあってもいいのに、と私は思う。

そういった発想が、将来、ますます重視されることは間違いない。

貧しきものは酒を食う

日本人は食前も食後も、バカのひとつ覚えのようにウイスキーの水割りばかり飲んでいる。酒には食前の酒と食後の酒がある。

胃袋がカラのときの酒と、満腹したあとの酒では飲む酒が違うのだが、空腹であろうが満腹だろうが、水割り、水割り、水割りの連呼である。満腹時に水割りなど飲めたものではない。

満腹時に水割りを飲む日本人のラフな神経は野蛮というほかはない。日本人は繊細な神経を持っているようで、意外にラフなところがある。

酒は色んな種類の酒を食事と共に楽しんでこそ、人生に色どりを添えてくれるものである。日本酒を飲むにしても、食前は辛口、食後は甘口といった変化をつけてこそ、豊かな生活を楽しむ心境に至るのではあるまいか。

ユダヤ5000年の人智の蓄積の結果、食後の酒はフローズン・ダーキュリー（ダイキリ）が一番だという。**ところが、銀座の一流のバーやクラブでも、このフローズン・ダーキュリーというカクテルを知らないところが多いから呆れる。**10軒まわって作れるところが1軒あればいい方だ。

私は行きつけの店では、形状が似ているところから、フローズン・ダーキュリーを「氷イチゴ」と呼んでいる。「氷イチゴをくれ」とオーダーするからほかの客は目をむいている。

もちろん、食前は食欲増進剤としてアペタイザーのカクテルを飲む。食前の酒と食後の酒の間には、きちんと食事が入る。

ところが、日本人はアペタイザーも食後の酒もあったものではない。午後7時ごろから飲み始めて、12時ごろまで飲んでいる客は珍らしくない。もちろん、ちゃんとした食事などとるわけはない。あれは酒を「飲む」のではなく、酒を「食っている」と解釈せざるを得ない。

食事の代わりに酒を食っているような日本人の飲み方を見ると、私は貧しいなあと思わざるをえない。

しっかり儲けて、食前はアペタイザー、食事中はワイン、食後にフローズン・ダーキュリーを飲むような、そんなバラエティに富んだ飲み方のできる生活をしてもらいたいものだと思う。

ムダメシはやめろ

日本人は、朝から、相当重い食事をとる。それにくらべるとアメリカ人の朝食は、朝食といえないほど非常に軽い。だから、昼食抜きなどという芸当はまず無理だ。昼食も夜食も、必ずとる。

あるとき、アメリカからやってきた友人と一緒に、朝の新幹線で東京から大阪へ行ったことがある。

このときに、私はその友人を誘って、車内のビュッフェにコーヒーを飲みにいったが、彼はそこでハンバーグを食べながらビールを飲んでいた日本人を見て目をむいた。

「ありゃあ、何だい。今は朝の9時だぜ。ところが、あの男が食ってるのは、まさに晩メシじゃないか。なぜ、あんな無茶をやってるんだ。それほどあいつはハングリーとも思えないが」

おそらくその日本人は、行楽気分で悠然と朝っぱらから豪勢な食事をしていたのだろうが、こうしたことは彼らの理解の外のことである。

朝は朝、昼は昼、夜は夜、とはっきりけじめをつけている彼らにくらべ、日本人は酒の飲み方にしても、食事のとり方にしても、いささかだらしないような印象が強い。

「ハラがへった」というときの空腹の状態も、日本人とアメリカ人ではかなり違う。日本人が、ハラがへった、というときは、そろそろ何か食べたいという状態で、2、3時間位はもつ。

しかし、アメリカ人が、ハングリー、というときは、ペコペコにハラがへって何か食べなければ倒れそうだ、というような状態をいう。

ぶっ倒れそうなほどハングリーでもないのに朝からハンバーグにビールをとるのは、むだな食事といわなければならない。

殺し文句は世界共通だ

私はよく「日本人がパンと肉のハンバーガーをこれから先、1000年ほど食べ続けるならば、日本人も、色白の金髪人間になるはずだ。私はハンバーガーで日本人を金髪に改造するのだ」と言っている。

これは、いわば、私のマクドナルドに取り組む心意気だといってもいい。

ところが、先般来日したマクドナルドのクロック会長から、私はこのことで激賞されたのだ。

「君は宣伝が実に巧みだねえ。マクドナルドのハンバーガーを食べさせて日本人を金髪にする、というあの話を聞いたとき、ボクは〝参った！〟と思ったよ。何しろ、マクドナルドの会長をやってるボクが、ハンバーガーを食えば金髪になるとは知らなかったのだから。こいつはアメリカでも絶対に当たる。アメリカには金髪になりたくてウズウズしている奴がいっぱいいるからねえ。いやァ、ショックを受けたし、感銘もしたよ、金髪になるという説には。マクドナルドがうまいとか安いとかはこうなりゃ関係ないよ。マクドナルドにはシステムがあるとかノウハウがあるなんてことも関係ない。マクドナルドを食えば

金髪になる。これだ。これが殺し文句というものだよ。戦略としても凄くいい。これは成功するよ」

クロック会長は興奮した口調でこう言ったものだ。

私は日本の国民に夢を持たせ、欧米人に遜色のない民族に改造したい、という意味で言ったのだが、クロック会長は文字通りそうなる、と受け取ったのだ。

クロック会長ばかりではない。社員にたずねてみると、本気で日本人を金髪にするために入ってきたのだ、と言う者が少なくないのだ。

私は、金髪うんぬんがそんなにパンチがあるとは思わなかったが、どうやら殺し文句は万国共通らしい。

適当な消費はむしろ必要である

文化生活が高度になると、必ず、消費が伴うものである。つまり、適当な消費は高度の文化生活を維持するためには、絶対に必要であるといえる。

日本人の物の考え方は、時計の振子のように振幅が大きい。たとえば「消費は美徳である」とされていた考えが、ある日、批判されると、急にケチになってしまうのだ。そして、消費を目の敵《かたき》にして弾劾《だんがい》する。無駄な消費のみをいましめればよいのに、必要な消費までも敵視するのだ。これは無茶というほかはない。日本には、何かあると、すぐに低級で安易な世論ができて、それが社会を大きく振りまわす傾向がある。

つまり、考え方がパンフレット的で底が浅く、深く考えようとしない。週刊誌文化などというが、浅い知識しかない週刊誌に毒されているといってもいい。それもこれも、個人個人がしっかりした何ものにも惑わされない判断力を身につけていないからだ。

新聞にどう書いてあろうと、雑誌にどう書いてあろうと、自分に自信があればそんなものに惑わされることはない。たとえば、最近、しきりに言われていることに「ノーカー・デー運動」がある。これは時代逆行もはなはだしい〝運動〟であると言わなければならない。今日の高度に発展した文明は、車に負うところがきわめて大きい。ところが、公害問題が出てくると、すぐに、ノーカー・デーを叫ぶ。発想も貧困だし、いかにも貧乏国が考えそうなことだと言わざるを得ない。ノーカー・デーと叫ぶ前に、なぜ、無公害車の早急な開発を叫び、もっと道路を作ろう、と叫ぼうとしないのだろうか。

欧米人は決して物を粗末にしない。しかし、だからといって、ケチではない。合理的なことには、惜しげもなく使う。ただ、ノンベンダラリとは使わないだけである。

大して資源のある国でもない日本に残されているものといえば、国民一人ひとりの持っている『知恵』だけである。昼寝をしていても石油が湧いてくるような結構な国ではないから、どうしても人間の知恵だけで食っていかなければならない。

ところが、それにしては、どうも知恵が無さすぎるのだ。発想が貧困すぎる。時代に逆行するような発想しか出て来ないようでは、とても、進歩も金儲けも、おぼつかない。

ディスカッションは「最善の方法」を探るためにある

私はマクドナルドの経営方法などについてアメリカのマクドナルドの幹部とたびたびディスカッションしてきた。そうしたとき、私は自分の意見を、これこそ最善の方法である、と押しつけもしないし、アメリカ側の意見を最善のものとして押しいただくこともしない。**ベスト・ウェイというのは、双方の意見とは別のところにあるのではないか、というのが私の考え方である。**ディスカッションはそのベスト・ウエイを見出すために行なわれるべきだ、と信じている。ディスカッションを繰り返して、ベスト・ウエイを探り、それを見つけていく。そこに企業の繁栄があるのだ。

ところが、日本人はこのディスカッションがじつにへたくそなのだ。

自分の意見こそが正しいと主張して譲らないか、あるいは両者の間に力関係がある場合などでは、下のものはどんなくだらない意見でも上のものが出した意見は神のお告げのように押しいただく。ベスト・ウエイを見出すためにディスカッションをするのだという基本的なことを、初めから無視している。いや、むしろ、知らないでディスカッションしているといってもいい。

そして、その結果、意見が対立したりすると、仕事をはなれてもプライベートな感情にまで相手に対する憎しみなどを持ち込み、夜道で背後から闇討ちにしたり、バットで殴り殺したりする。

ディスカッションは、あくまで、儲けるためのベスト・ウエイを見つけるための「仕事」であるから、**プライベートな感情まで持ち込むのは愚の骨頂である。**

アメリカ人は、仕事上でどんな激論をかわしても、仕事をはなれるとケロリとしてしまう。見習うべきである。

振幅の大きな考え方といい、仕事とプライベートの区別をつけないディスカッションといい、国際的に通用しない、日本独特のものなのだ。

良い習慣まで捨てる必要はない

欧米人は、昔からのよいところは、今日でも、きちんと継承し、それを守っている。しかし、日本人は悪いところを捨てる際にいいところまでも捨てて、すぐにハダカになる。

一例をあげると、1年の月の呼び名を、1、2、3……をつけて「1月」、「2月」、「3月」……と色気のない呼び方をしているのは日本だけだ。英語でもそんな呼び方はしない。「ジャニュアリー」、「フェブラリー」、「マーチ」……である。

かつては、日本にも美しい呼び名があった。「睦月《むつき》」、「如月《きさらぎ》」、「弥生《やよい》」、「卯月《うづき》」、「皐月《さつき》」、「水無月《みなづき》」、「文月《ふづき》」、「葉月《はづき》」、「長月《ながつき》」、「神無月《かみなづき》」、「霜月《しもつき》」、「師走《しわす》」がそうである。情緒豊かな呼び名である。ところが、こうした美しい呼び方を、あっさり捨ててしまう。「1月」、「2月」……の方が簡単だ、という理由からである。

日本人は、これでもわかる通り、いたって単純な民族なのだ。世界の商人の間に身を置いて、しっかり儲けようと思うなら、もっと複雑で、老獪《ろうかい》で、煮ても焼いても食えないというような人間ばかり出て来ないとダメだ。単純な甘い考えでは、儲かるはずはない。

商売には木と鉄をハンダでつながなければならないことはいくらでもある。単純な考えでは、ハンダで木と鉄をくっつけられるわけはない。しかし、ハンダをボンドなどという強力接着剤にかえれば、木と鉄をつなぐことも決して不可能ではない。

商売にも、ハンダを強力接着剤ととりかえるような、発想の転換が要求されるようになってきている。人間の知恵は無尽蔵である。その知恵に国際感覚を融合させ、これを縦横無尽に駆使して、大いに儲けるべきである。

空飛ぶ円盤などのUFOは、一説によると、未来人がタイム・マシンに乗って、過去の見物にやって来ているのだという。もし、そうならば、私はどんな方法を使ってでも、この未来人を生け捕りにして、23世紀では何が儲かっているかを聞き出して、あしたからその商売を開始したい。

第7章

デン・フジタの突撃ラッパ

実行力の伴わないアイデアはカスだ

世にアイデアマンと言われる人は多い。

問題なのは、そのアイデアを実行しているかどうかである。

アイデアは出すが実践する方法を知らない。そこで、結局、そのアイデアを生かしきれないままで終わってしまう、というケースはよくある。これでは何にもならない。

その反対に、少々腐ったアイデアであっても、実践していけば成功する可能性は大いにある。

「あんなバカがよく成功したなァ」

といわれる人物は、アイデアはなくても実践力に富んだ男である場合が多い。

だから、すばらしいアイデアとすばらしい実行力があれば１００パーセント成功する。

ツキを呼ぶ人間とつき合え

ナポレオンは外交官を採用するとき、頭がいいとか、家柄がいいとかいうことは問題にしなかった。彼が採用したのは、運のいい男、ツイている男である。

ツイている、ということは、その人物が進んで行く方向に、あらゆるものがプラスになるようになっていることである。それは、その人の持っている人徳のしからしむところかもしれないし、あるいは持って生まれたものかもしれない。

私は自分自身を特別にツキまくっている男とは思わないが、不思議なことに私とつき合っていてパンクした人はいない。みんな仕事も調子がよくなるのだ。とすれば、やはり、私もツキを持っている人間なのかもしれない。

それと、私は口うるさいほうだから、つき合っている人に、「商売をするなら約束は守れ」、「契約書を作れ」、「メシのときには仕事の話をするな」など、アメリカ人とつき合って学んだ教訓を繰り返し繰り返し吹きまくる。そうすると、うるさい奴だな、と思いながらも知らず知らずのうちに、それを守るようになり、気がついたときには好調の波に乗っていたということになるのではあるまいか。

ツキから見放された人物とつき合うよりはツキを持っている男とつき合ったほうがいいことは、言うまでもない。

公徳心より欲望に訴えよ

ゴミ処理の問題に関連して、最近にわかにやかましくなったのが産業廃棄物の問題である。中でも、そこここで目につくのが、空きカンである。清涼飲料水からビール、酒に至るまで、行楽地はもちろんのこと道端にも至るところゴロゴロ転がっている。

皆さん、空きカンはなぜ捨てられているのかわかりますか。あれは、用が無いから捨てられているのであって、もし、空きカンに用があれば、誰も空きカンを捨てようとはしないはずだ。

そこに気がつけば、空きカン問題に頭を痛めることはない。

こういう例がある。ある清涼飲料会社が、

「自社製品のキャップを6個送ってくれたら模型飛行機を差しあげます」

と宣伝した。そうすると、キャップを入れた封筒が郵便局に殺到し、局の自動選別機につまるキャップが続出して、機械の故障が相次いだという。

飛ぶか飛ばないかわからないような、安い模型飛行機でも、タダとなるとこの騒ぎである。これを本物の自動車にすると、どうなるか。

ビール会社や清涼飲料会社が金を出し合って、モダンでファンシーな車を1年に4、5台ずつ買って、その車の写真をカラーテレビで流して、

「なんでも結構です。空きカン100個ご持参のかたに、この車を差し上げます。ただし、抽せんで1名様に」

とやる。これで、そこら中にゴロゴロしていた空きカンが、あした無くなってしまう。みんな、喧嘩腰で空きカン集めに奔走し、指定された場所に空きカンを運んでくる。

この費用だが、年間5回やるとして、車が5台で500万円、テレビのスポット・コマーシャル料を加えても、4000万円もあればいい。4000万円で全国の空きカンが集まるなら、製鉄業者に引き渡せば、かえって儲かる。全国から空きカンがなくなって行楽地も街もきれいになり、その空きカンを処分すれば儲かり、車の当たった人はもちろんハッピーだし、不幸にして夢破れた人も、空きカンで車が持てるかもしれないという夢を抱くことができたのだから、それはそれでハッピーな気分になれただろう。このアイデアで損する人間はひとりもいないことになる。

とくに、日本人は射幸心が強いから、必ず、空きカンで当たる自動車に夢中になるだろ

う。

何億という札束を巻き上げられる競馬にくらべ、こちらは元手いらずである。人間はいじましいから、必ず目の色をかえてとびついてくる。

ところが、現実にやっている空きカン対策は、というと、街中にポスターを貼って、

「空きカンはクズカゴへ！」

と公徳心に訴える作戦を展開しているにすぎない。私に言わせるなら公徳心に訴えてもさして効果はない。**それよりも、「あなたは産業廃棄物の一掃に協力したから自動車がタダで当たるチャンスをあげましょう」とストレートに人間の欲望に働きかけた方がずっと効果がある。**

第一、空きカンをクズカゴへ全員が投入したら、クズカゴはたちまち空きカンで一杯になってしまう。しかも、それを回収する人は中がカラッポだから空気を運ぶようなものだ。空気を運んでも儲からないから、回収をいやがるようになり、クズカゴはたちまち空きカンであふれ、収拾がつかなくなってしまう。

それよりも「空きカン100個で自動車を差しあげます」という方が何倍か効果が上がる。

もしも、ビール会社や清涼飲料水の会社が私が提案したような方法をとって、真剣に空きカン問題に取組むなら、そのときは不肖、藤田田、賞品に5カラットのダイヤモンドを

寄付してもいい。ダイヤモンドをつければ、男性ばかりでなく、女性も目の色を変えて、空きカン退治に協力するはずだ。

100年がかりでタバコを駆逐しよう

マクドナルドにハンバーガーを食べに来るお客さんに、「マッチ、ありませんか」と求められることは多い。中には、「ビールください」という人もいる。

私は自分の信念にしたがって、マッチも酒類も置いていない。

私は自分でもタバコを吸っていた（現在はまったく吸わない）。しかし、自分の喫煙の習慣を、内心は悪い習慣だと思い、いつもタバコをやめたい、と思っていた。ところが、ニコチンにむしばまれた私の体が、どうしても私に禁煙を許してくれないのだ。

私が店にマッチを用意していないのも、こうした喫煙の悪習を助長したくない、というささやかな善意なのだ。マッチをください、と言って断わられたら、ほんの数分間かもしれないが、その人はタバコから遠ざかるわけである。

私はこの善意がいつかはわかってもらえる日が来る、と信じている。

アルコールを置かないのも、同じような理由からである。それと、酔っ払いに店頭でゲロゲロやられたら、間違いなく、商売にならないからでもある。

国民にタバコをやめさせることは、本州と四国の間に橋をかけるのと同じくらい重要なことだと信じている。

不思議なことに、タバコは有害であるとわかっていながら、福祉国家といわれる先進国を含めて、若干の減少がありつつも一定の喫煙人口が存在する。世界に率先してやるべきである。

国民にタバコをやめさせる政策は、何も、1年や2年で結論を出す必要はない。100年がかりでやれば、必ずなしとげることができるのだ。

つまり、今年ゼロ歳の赤ん坊は永久にタバコを買う権利がない、と決めてしまうのだ。そしてタバコの箱には「100年後にはタバコは売りません」と明記する。100年あれば、葉タバコ栽培業者の転業もゆっくりと指導できる。

そもそも、政治は国民に急激なショックを与えることは、つとめて避けなければならない。

100年計画でやれば、国民にタバコをやめさせるようなむずかしい政策すら可能なのである。

割りばしは廃止しろ＝モノ不足時代の思考法

日本では木材が不足して、輸入しているのが現状である。

それだけ木材が不足している国でありながら、なぜ、日本人は木のマッチや割りばしを使うのだろうか。

外国ではマッチといえば紙マッチが常識である。1回ごとに使い捨てにする割りばしなどは、もちろん無い。何回でも永久に使えるナイフとフォークである。

1回割ってポイと捨てる割りばしは、一種の処女崇拝思想である。時代遅れの思想でもあり無意味である。貴重な国家財産を1回でポイと捨てるのは何事か、と言いたい。

私が総理大臣なら、国民に割りばしは使わせない。昔の侍が腰に刀を差して歩いていたように、きれいなケースに入れたはしを腰に差して歩かせる。

たかが割りばしというが、全国のレストラン、そば屋、食堂から廃棄物として出される割りばしの量は大変なものである。これは膨大なムダだといわなければならない。ムダをはぶいて行かなければ問題は解決しない。

手づかみで食べさせるハンバーガーはその点でも合理的である。

だれでも金持ちになれる＝自己啓発のすすめ

「オレはどうも金儲けに縁がないようだ」

と、ノッケから悲観して金儲けをあきらめている人は意外なほど多い。歌がどうしてもうまく歌えない〝音痴〟の人はいるが、「カネ音痴」の人がいるわけはない。

あきらめるよりは、自分をコントロールすることで、自己啓発を行なうべきである。そのための物理的方法はいろいろある。

「金が欲しい」

と紙に書いて、朝晩それを唱えるとか、1万円札を毎朝おがむとか、

「俺は金持ちになるぞ！」

と、毎日自分に言い聞かせるとか、さまざまな方法がある。

こうした自己啓発は想像以上の効果があるものだ。金儲け以外にもこの自己啓発は応用できる。たとえば、いわゆる「エライ人」に会うと口がきけなくなる人でも、自己啓発によって、対等に話すことができるようになるものだ。

「この人はエライ人かもしれないが、俺だって、この人以上に社会のためになる仕事を

しているのだ」

そういう自負を抱くだけで、堂々と対等に話せるようになるのだ。

エライ人を恐れる必要なんかまったくないし、それと同じように、俺には金なんか縁がないのだ、と金をおそれたり、悲観したりする必要もないのだ。

ヘタな鉄砲は撃つだけ損だ

日本人の商売のやり方を見ていると、わざわざ鳥のいないところを狙いすまして鉄砲をブッ放しているように思われてならない。これではいくら〝へたな鉄砲数撃ちゃ当たる〟というコトワザがあっても、当たるわけはない。儲からない方向に向かって、どんなに一生懸命つっ走ってみても、儲かるわけはないのだ。

一例をあげると、ボウリングがそうだ。アメリカでボウリングが『死んだ《デッド》産業』と言われるようになってから、やおらボウリング場の経営に乗り出した日本の経営者はじつに多い。

私は『本日開店』の花輪が並んでいる光景を見ると、

「あ、また葬式をやっとる」

と思ったものだが、現在ではボウリング場をあけているだけで損をしているところがかなりある。

私は日本でもっとも人通りの多い銀座4丁目に1号店を出して以来、常に人通りの多い場所を選んで、ハンバーガーの店を開いてきた。狩猟でいえば鳥が集まっているところを狙いすまして強力な散弾銃をたて続けにブッ放してきたようなものだ。だから当たった。

私の当時の社長室から望遠鏡をのぞくと、銀座三越に出しているわがハンバーガー・ショップには、望遠鏡の視野からはみ出すほどの客が群がって、ハンバーガーが飛ぶように売れている。

最近では、長距離列車の指定券を買う場合以外は、行列しなければ手に入らないものは、まずないといってもいい。ところが、ハンバーガーの店は、どこへ行ってもマクドナルドに関する限り、行列ができている場合が多い。

鳥がほとんどいない場所で居眠りをしながらカモが現われるのを待つのは、バカがやることである。バカと同じことをやっていては儲からない。

世界共通のものを探せ

人間は生まれて来るときは、みんなハダカである。そのハダカの人間を、いかに金ピカにするかが、金儲けなのだ。

生まれたときからすでに何かを持っていて、天上天下を指さして「天上天下《てんじょうてんが》唯我独尊《ゆいがどくそん》」などという人には、文字通り釈迦に説法だからアドバイスなどする気はない。

ハダカを金ピカにしたいと考えながら何をどうしていいかうろうろと迷っている人間を見るとヒントのひとつも教えてあげたくなるのだ。

デン・フジタの商法の原点もつきつめていけば「人間の商法」である。人知の蓄積に裏打ちされた「蓄積の商法」でもある。そして、理論ではなく体験から導き出された「実施の商法」でもあるのだ。

人間は皮膚の色こそ異なるが、人間であることにかわりはない。とすれば、世界の人類に共通なものが必ずあるはずだ。その世界人類の共通なものを探り出していけばいい。そうすれば、国境も時代も超越して、どこででも、いつでも成功できるものだ。

この1冊で金儲けができる＝あとがきにかえて

読者の皆さん。真剣に、おそらく一気にこの本を読了されたことと思います。きっと、おなかがすいたことでしょう。そこで、今から、マクドナルドへハンバーガーを食べにいってください。お金儲けの味というものが、どんなものかわかると思います。

それに、マクドナルドのハンバーガーがどんなに繁盛しているか、あなたの目で確かめることができるでしょう。売れに売れているマクドナルドの店を見ると、猛然とお金が儲けたくなるでしょう。マクドナルドのハンバーガー・ショップを見て、自分も儲けたい、と思わないようなら、どうぞ、一生涯、食うや食わずの貧乏生活を送ってください。この、有益な本もバラバラに破って燃やしていただいて結構です。

「頭の悪い奴は損をする」というのはいわば私の口癖のひとつです。頭の悪い奴、というのは頭の回転のニブイ奴という意味で、頭脳のアブラが切れてしまった人は、損ばかりしているのが実情です。儲かることをやりたい、と思ったら、どうか、頭のいい奴のマネをすることから始めていただきたい。

藤田 田（デンと発音して下さい）

藤田田伝——凡眼には見えず、心眼を開け、好機は常に眼前にあり①

外食ジャーナリスト　中村芳平

金儲けは正義である

「東大出の異色の経営者」、「銀座のユダヤ商人」、「アントレプレナー（起業家）のアイドル」、「文明評論家」……。総資産1兆7000億円といわれる日本最大の外食チェーン、日本マクドナルド株式会社を率いる藤田田には、ただ単に外食チェーンの経営者にとどまらない、予言者的、警世家的な風貌がある。それに加えて、〃日本マクドナルド教教祖〃兼〃日本金儲け教教祖〃といった雰囲気がある。

企業が興隆するのには、魅力ある人物の出現が第一だといわれるが、藤田田には成功する起業家の条件が備わっていた。

日本マクドナルドのハンバーガーが、わずか20年という短期間のうちに、全国津々浦々で800店余を数える日本一のレストランチェーンに発展したのは、藤田田の企画力、行動力、決断力、経営力に加え、人間的魅力があったからである。

藤田 田

日本は歴史的に「米と魚の食文化の国」であった。日本で丸い小型のパン（ハンバーガーバンズ）に牛肉のハンバーグステーキを挟んだハンバーガーが、爆発的にヒットするとは誰も予想していなかった。

藤田はそんな常識が支配する日本でハンバーガービジネスを展開するのに、「文化流水理論」を採った。「文化というものは高きところから低きところに水のように流れる」、つまり知識や情報はすべて「上から下へ流れる」という理論だ。

「アメリカという日本より高い文化のある国で、ハンバーガーとポテトがはやっているのであれば、日本が黒髪とみそ汁と米の文化の国だとしても、将来は金髪の女の子がハンバーガーとポテトを食べていてもおかしくはない」（藤田）

藤田はハンバーガービジネスを最初に展開する場所に、アメリカ側が主張する湘南海岸のロードサイド店をはねつけて、東京・銀座を主張し一切譲らなかった。銀座という日本文化を象徴する場所に出店することで、ハンバーガービジネスが日本中に流れていくと確信していたからだ。

藤田は1971（昭和46）年7月、日本マクドナルドの第1号店を銀座三越店の1階にオープンした。

たった22坪、テイクアウト（持ち帰り）専門の小さな店だったが、8月からスタートする歩行者天国（日曜・祝日）を味方につければ、爆発的にヒットすると読み切っていた。実際、歩行者天国が始まると、銀座通りにはビーチパラソルの花が咲いた。その下には折りたたみ式の丸テーブルと椅子が置かれて、公道がそのままマクドナルドの店舗として使われた。家族連れが買い求めたハンバーガーやポテト、コーラ、アイスコーヒーなどのセットメニューをトレーに載せて運び、テーブルに座って飲み食いした。

一方ではジーパンやミニスカートに代表される若者たちが歩行者天国を闊歩、歩きながらハンバーガーとコーラを立ち食い、立ち飲みした。それまで立ち飲み、立ち食いは日本の食文化では行儀が悪いと、家庭や学校教育では道徳上、原則的に禁止されていた。

だが、藤田はそういう常識を破壊し、「右手にコーラ、左手にハンバーガー」というアメリカン方式の新しい食スタイルを流行らせることに成功した。日本マクドナルドの銀座三越店は連日連夜行列ができるほどの繁盛ぶりで、翌72（昭和47）年10月1日、日商22万円を記録し、マクドナルドの売上高世界新記録を打ち立てた。

藤田はハンバーガービジネスで、日本的な食習慣に革命を起こしたのである。

藤田はこのような成功体験を引っ提げて72年5月、自著『ユダヤの商法』（ＫＫベストセラーズ刊）を世に問うた。

それまで、日本人が最も苦手としたユダヤ人社会を題材にとり、世界経済を動かすユダヤ人地下金脈や、ユダヤ人の政治力の実態に斬り込んだ。藤田は、「78：22の宇宙法則」、「首つり人の足をひっぱれ」、「女と口を狙え」、「懐疑主義は無気力のモト」といった全97項目から構成される『ユダヤの商法』で、金儲けの極意を明らかにした。

藤田は「ユダヤ商法の原理原則の中にこそ金儲けのノウハウがある」と、喝破した。日本にマクドナルドのハンバーガーを導入し、それを成功させた快男児のことばであっただけに、そこには臨場感あふれる説得力があった。

『ユダヤの商法』を読んだ誰もがみな、マクドナルドのハンバーガーを初めて食べたときと同じような驚きと、カルチャー・ショックに襲われた。

これを機に藤田は、稀代の起業家にして予言者、警世家、そして〝日本金儲け教教祖〟の座に就いたといっても過言ではない。『ユダヤの商法』は82万7０００部売るベストセラーとなったが、現在では古本市場で高値をつけ、多くの読者からその復刊を待望されていた。

藤田の素顔を探っていくと、原理原則に忠実なユダヤ教的合理主義者の面と、義理人情に厚い古風な日本人の面とが矛盾なく同居していることに驚かされる。怪物ぶりを発揮する反面、優しさを忘れないところに、藤田の人間的な魅力が感じられるのである。

40年以上続けている定期預金

〝怪物〟藤田田は、手垢でボロボロに汚れた1通の「定期預金通帳」を、自らの生存を証明する唯一無二の「宝物」のように大切に保管している。

預金通帳といっても40年以上前の1950（昭和25）年に発行された古いもので、現在の総合口座通帳のようにCD（キャッシュ・ディスペンサー）に挿入すれば残金を記帳できる便利な通帳とは異なる。

小学生が国語の漢字の書き取り練習のときに、大きな四角のマス目のついたノートを使うが、藤田が大切にしている預金通帳もこれによく似た作りだ。通帳の1ページが大きな四角のマス目、12（1年分）～16に区切られていて、その一つひとつの枠内に、預金額が漢数字（算用数字併用）で「五萬円」と縦に書かれていた。預金額の下には銀行の受領印が捺してあった。

藤田が住友銀行（現・三井住友銀行）新橋支店発行のこの預金通帳に月々5万円の貯金を始めたのは、50年のことだった。東大在学中の24歳のときのことで、この年、藤田はハンドバッグやアクセサリーなどを輸入販売する個人経営の貿易会社「藤田商店」をスタートさせた。藤田が貯金を始めたのは、藤田商店の設立がきっかけである。

50年当時の5万円といえば、大金であった。

そのころ、日雇労働者の1日の賃金が、「二個四」（〝100円札2、10円札4〟で〝にこよん〟）という俗称のある手取り240円であった。すなわち25日間働いても、「240円×25日で6000円」にしかならなかった時代である。その時代に藤田は、日雇労働者の賃金8か月分以上にものぼる大金を毎月、定期預金していたのである。

なぜこんな高額な貯金をするようになったのか。詳しくは後述するが、藤田はこの貯金通帳を初めに、最初の10年間は5万円、次の10年間は10万円、その次の10年間は15万円、つまり50年～80（昭和55）年の30年間、毎月平均10万円をコツコツ貯金してきた。そして81（昭和56）年からは毎月10万円貯金していた。

筆者が91（平成3）年夏にインタビューした時には40年以上にわたって10万円の貯金を続けていた。

もちろん、50年に貯金を始めてから一度も休まずに続け、一度も引き出したことはない。

それでは、藤田の定期預金は40年間でいくらになったか――。

1年間が12か月だから、40年間といえば、12か月×40年間で480か月。その間に積み立てた元金の総額は、480か月×10万円で4800万円ということになる。これが毎年、複利でまわっていくわけだが、利まわり後の貯金額のトータルは、91（平成3）年4月現在で、なんと「2億1157万6654円」に達している。元金4800万円の5倍近い増え方である。

参考までに計算してみると、藤田の定期預金が約1億2000万円になるのには30年かかったが、この2億1000万円余になるには10年間しかかかっていない。複利預金の増え方の威力をまざまざと見せつけられる思いである。

「この貯金については、毀誉褒貶《きよほうへん》があるんですよ。土地を買っておけば土地長者になっていたとか、株を買っておけばもっと儲かったとか、いろいろ言う人もおります。実際、長い間には、この金を引き出して使いたいという局面にも何回か遭遇しました。けれども、いったん下ろさないと決めたものを下ろしてしまったのでは、自分の負けなんですね。大変な克己心がいったことは確かです。でも、それを続けて来たことで、『藤田は約束を守る男だ』と銀行からも絶大な信用を得ています。私は、息子の元《げん》（現・藤田商店社長）に、『この貯金は、私が死んだあとも100年間続けてみろ』と、いっているんですよ。親、子、孫3代にわたって続けることになるかもしれませんが、そうすればどうなるか――。私のように粘り強い日本人がひとりくらいいても面白いではないか、と考えているんですがねえ……」（藤田）

毎月10万円ずつ100年間預金したら、複利でまわっていくらになるか――。今後、預金が1億円ずつ増える期間がどんどん短縮されていくのはわかるが、これを即答できる銀行マンはほとんどいないという。

ともあれ、〝ユダヤの商人〟こと藤田田は、50年から40年以上、毎月いちども欠かさずに貯金してきた最初の定期預金通帳を、汚れてボロボロになった今も、昔と同様に宝物として大切に保管している。

〝怪物〟藤田田の真骨頂は、まさにこの預金通帳にあるといえる。

天才とは、複雑な物事を単純化する能力であるといわれる。藤田は、人生が「仕事×時間＝巨大な力」という単純な図式に当てはまるということを早くから見抜き、定期預金という形でそれを実証してきた。

平凡なことを、非凡に実行する男――それこそが藤田田という怪物の正体である。

藤田がこのような貯金を始めるきっかけは、どのへんにあったのであろうか。

かまぼこ板と天性の腕白坊主

藤田田は、大正から昭和へと移り変わる年、1926（大正15）年3月13日に大阪府で生まれた。

日本マクドナルドが創業20周年を迎えた91（平成3）年、65歳になった。父・良輔、母・睦枝を両親に、5人兄弟の次男として生まれた。父は仏教徒であったが、母は敬虔なクリスチャンで、わが子がクリスチャンになるようにと願って、藤田の「口」の中に小さな「十」字架を入れ、「田」と命名したという。

藤田の父は、英国の「モルガン・カーボン・クルシーブル」日本支社に勤める電気技師で、収入も多く、大阪千里山に豪華な邸宅をかまえていた。当時としては珍しい洋風生活で、藤田はベッドで育った。

小学校は公立小学校に通い、中学校の進学にあたっては大阪市淀川区にある名門進学校の旧制北野中学校（現・大阪府立北野高校）を受験した。

だが、早熟で、たびたび生意気な質問をして先生を困らせたことが災いしたせいか、内申書の成績が悪く、不合格となってしまった。

そこで、藤田は、父の了解を得て、自らの意志で小学生浪人を経験した。当時も今も極めて珍しいケースだ。それだけ旧制北野中学校への進学が、その後の進路を決めると考えていたからだ。

近所の老人から〝かまぼこ板〟とあだ名されるほど勉強したのは、このころのことであった。いつ見ても、背中を丸めて机にかじりついて勉強していたからだ。

39（昭和14）年4月、藤田は2度目の受験で念願の旧制北野中学校へ進学した。成績は十数番であったようだ。

松本善明 元・衆議院議員（撮影・永井浩）

このとき現役でトップクラスで入学したのが松本善明（93歳。弁護士。元・共産党衆議院議員）である。
「私たちが入学した当時、旧制北野中学校は6クラス編成でした。旧制中学校では成績が1番からビリまで全部貼り出され、机に並ぶ順番も成績通りと決まっていました。また、6クラスの級長、副級長も成績順に12人までと決められていました。
私は全クラスでトップの成績だったので常に級長を務め、全クラスの組長に選ばれました。藤田は全クラスで13～15番程度の成績で、級長・副級長にはなれなかったですね。藤田は私のことをよく知っていたと思いますが、中学時代はほとんど付き合いがなかったです」

ちなみに、松本は26（大正15）年5月17日、大阪府生まれ。専門出版社「大同書院」（当時）の長男であった。学年では早生まれの藤田より1年下であるが、藤田が1浪して入学してきたので同期生となった。年齢は満13歳で同年齢である。

松本は器械体操部に所属し、体を鍛えた。旧制北野中学校に入学して2年後の41（昭和16）年12月、真珠湾攻撃によってアメリカとの太平洋戦争が始まった。

日本は初めのうちこそ快進撃を続けたが、42（昭和17）年6月のミッドウェー海戦での敗北を機に後退を余儀なくされた。43（昭和18）年4月に山本五十六連合艦隊司令長官が戦死、同年5月にはアッツ島部隊が玉砕した。

純真な軍国少年であった松本は、他の級長2人と計3人で43年6月、海軍兵学校を受験した。

当時、海軍兵学校が最難関とされたのは学業の優秀さに加え、身体が強健でなければ合格できなかったからである。このとき松本も含め旧制北野中学校からは三十数人が合格した。

同年12月、松本は江田島の海軍兵学校に入学（第75期生、卒業は45年10月）。そして松本は江田島で終戦の玉音放送を聞くことになるのだ。

藤田は旧制北野中学校に入学してからは陸上競技部に所属し、400メートル競走の選手をやっていた。陸上競技のなかでは瞬発力と耐久力が求められる厳しい中距離走の種目である。

旧制北野中学校時代の同級生は「藤田は天性の腕白坊主であった」と証言している。藤田はヤンチャで、いつでも何か悪さをしていないと気がすまないといった性格であったから、教室にじっとしていることは少なかった。けれども、藤田のイタズラは、人の心を傷つけるような陰湿なものではなく、明るくカラッとしていた。ガリ勉タイプではなかったが、「試験のヤマを当てるのがうまかった」（藤田）ためか、成績は常に全クラスで上位10数番あった。

しかしながら級友の間にも奇妙な人望があり、級長・副級長に次ぐ班長に推されたこともあった。

全国屈指のラグビー校としても知られた旧制北野中学校では、大会があると全員で応援に参加した。参加しないと、先輩からビンタが飛んだが、こんなときでも藤田がビンタを張られることはまずなかった。
判断が機敏で、すばしっこい上に、腕力にも自信があったからだと思われる。
（『日本マクドナルド20年のあゆみ』より加筆修正）
《②へつづく》

【藤田 田 復刊プロジェクトチーム】

撮影　岡崎隆生

永井 浩

取材　中村芳平

横関寿寛

動画制作　株式会社GEKIRIN

プロデューサー　塚原浩和

リーダー　笹本健児

営業統括　村瀬広一

WEB編集　竹林 徹

編集統括　山﨑 実

藤田 田（デンと発音して下さい） Den Fujita

1926（大正15）年、大阪生まれ。旧制北野中学、松江高校を経て、1951（昭和26）年、東京大学法学部卒業。在学中にGHQの通訳を務めたことがきっかけで「藤田商店」を設立。学生起業家として輸入業を手がける。1971（昭和46）年、世界最大のハンバーガー・チェーンである米国マクドナルド社と50:50の出資比率で「日本マクドナルド（株）」を設立。同年7月、銀座三越1階に第1号店をオープン。日本中にハンバーガー旋風をまき起こす。わずか10年余りで日本の外食産業での売上1位を達成し、以後、トップランナーとして走り続ける。過去2回、マクドナルド・コーポレーションのアドバイザリー・ディレクターを務めるなど、マクドナルドの世界戦略にも参画。1986（昭和61）年、藍綬褒章受章。1989（平成元）年、大店法規制緩和を旗印に米国の玩具小売業トイザラス社との合弁会社「日本トイザらス（株）」を設立し、全国展開した。また、世界一のネクタイ・スカーフ製造販売会社である英国タイラック社と提携し、全国店舗展開した。（一社）日本ハンバーグ・ハンバーガー協会初代会長。

創立30年にあたる2001（平成13）年7月26日、日本マクドナルド（株）は店頭株市場に株式公開を果たした。2004（平成16）年4月21日逝去（満78歳）。著書に『ユダヤの商法――世界経済を動かす』、『勝てば官軍』（小社刊）ほか多数。

本年4月、藤田 田、6冊同時復刊。

本当《ほんとう》に儲《もう》けたいなら、お金《かね》が欲《ほ》しいなら
頭《あたま》のいい奴《やつ》のマネをしろ
[新装版《しんそうばん》] Den《でん》 Fujita《ふじた》の商法《しょうほう》①

二〇一九年四月二五日 初版第一刷発行

著者 藤《ふじ》田《た》 田《でん》（デンと発音して下さい）
協力 株式会社藤田商店
発行者 塚原浩和
発行所 株式会社ベストセラーズ
〒一七一-〇〇二二 東京都豊島区西池袋五-二六-一九
陸王西池袋ビル四階
電話 〇三-五九二六-六二六二（編集）
〇三-五九二六-五三二二（営業）
印刷所 近代美術株式会社
製本所 ナショナル製本協同組合
DTP 株式会社三協美術

ISBN978-4-584-13908-0 C0095

日本を担う若者に贈る《成功のヒント》――なぜ、今、藤田 田を復刊するのか――

株式会社ベストセラーズは、このたび藤田 田の著作を新装版として6冊同時に復刊いたしました。その中で最も古い『ユダヤの商法　世界経済を動かす』は、１９７２（昭和47）年に刊行されました。当時、藤田は、日本マクドナルド社を立ち上げるや、あっという間に日本人の「食文化」を変えた経営者として注目を集めました。同書は総計82万７０００部の大ベストセラーとなりました。今、日本経済の舵取りをしている著名な経営者が、同書によってビジネスでの「成功の本質」を学んだともいわれております。また、今回復刊する６冊の累計は３０７刷、97万部と、多くの読者に評価された作品となっております。

では、藤田作品を「なぜ、今、このタイミング」で復刊するのか。その理由とは、多くの日本人にとって日々暮らす社会環境が劇的に変化し、非常に厳しい時代を迎えたからです。そして、この時代を稼いで勝ち抜くための「答え」が藤田 田の《商法》の中にいまだ色あせることなく豊かに「ある」からです。現在、中小、大企業を問わず「正社員としての終身雇用」が難しくなっております。特に就職氷河期世代の40代以下の若者にとっては、人生設計そのものを一から立て直さねばなりません。利益を生み出す「ビジネス」自体を自分の頭で考え、切り開き、その資金も自分で調達する必要に迫られているのです。ゆえに藤田が著書の中で繰り返し述べる「商売のアイデアを見つける力」、「それをすぐに実行する力」が、今、まさに求められているのです。この二つの「稼ぐ力」を若者に伝えるべく私たちは本企画をスタートさせました。20代、30代のみなさんにはまだ人生で成功するために準備する「時間」があります。金持ちへの「夢」、ビジネスで世界を変える「希望」があれば、藤田の言葉の中から必ず《成功のヒント》を見つけ出せると思います。みなさん、どうか1回目はサラッと通読し、2回目はじっくりと精読、3回目は自分の言葉に引き直して血肉化し、4回目以降は仕事で悩み迷った時に再び参照してください。この6冊で、若者の可能性が今まで以上に大きなものになると、私たちは確信しています。

今回の新装版の企画刊行に際して、「これからの日本を担うたくさんの若者に読んでほしい」と快諾をくださった、株式会社藤田商店代表取締役・藤田 元氏に衷心より感謝を申し上げます。

２０１９年４月12日

藤田 田　復刊プロジェクトチーム